Paul M. Zulehner

GottesSehnsucht

Spirituelle Suche in säkularer Kultur

Schwabenverlag

Alle Rechte vorbehalten
© 2008 Schwabenverlag AG, Ostfildern
www.schwabenverlag-online.de

Umschlaggestaltung: Finken & Bumiller, Stuttgart
Umschlagabbildung: PhotoCase.com
Gesamtherstellung: Schwabenverlag, Ostfildern

ISBN 978-3-7966-1379-1

Inhalt

Vorwort 7

Spirituelle Pilgerschaften 10

Spiritualität in Säkularität 10
Diesseitige und Jenseitsoffene 11
Dimensionen spirituellen Suchens 16

Umgebungen 21
Vermarktung mit Hilfe spiritueller Symbole 21
Religion und Gewalt 24
Spiritualität als Vertröstung 27
  Vertröstung auf das Jenseits 28
  Vertröstung auf das Diesseits 30
  Leben als letzte Gelegenheit 31
  Das Weite suchen 34
Die verwandelnde Kraft der Spiritualität 38

Deutungen 39
Spiritualität aus erschöpfter Säkularität 39
  »Je moderner, desto säkular(isiert)er« 39
  »Je säkular(isiert)er, desto spiritueller« 42
Spiritualität aus unerschöpflicher Tiefe 46
  Atheistisch: Lebensfeste in versöhntem Alltag 47
  Theologisch: Gottessehnsucht 49

Empathische Spiritualitätskritik 53
Verteufelung 53
Achtsames Wahrnehmen 60
Der Weg 62

Kirchen als gute Adresse für spirituelle Pilger 64

Spirituell erschöpfte Kirchen 64

»Respiritualisierung« des kirchlichen Lebens 66
    Spirituelle Orte 66
    Spirituelle Personen 68
    Spirituelle Vorgänge 72
      Suchen und sich finden lassen 73
      Reise zu sich selbst 77
      Heilung 85
      Gemeinschaft 92
      Festigkeit 94
      Verwobenheit 98
      Neue Welt mit neuen Menschen 103
      Wiederverzauberung 110

Ertrag 112

Der Stand der Diskussion 112

Ein geistlicher Pilgerweg 114
    Menschenverhältnis Gottes 114
    Etappen 115

Vorwort

»Was uns heute fehlt, wird uns morgen wichtig werden.« Ein kurzer, aber prägnanter Satz. Er beschreibt die sogenannte »Kipptheorie«, die mich bei meiner Forschungsarbeit schon länger leitet. Daraus resultiert, dass ich mich mit Vorliebe gerade jenen Themen zuwende, die vermeintlich unbedeutend im Hintergrund liegen. So mangelte es uns am Ende des letzten Jahrhunderts inmitten einer opulenten Frauenforschung an einer gediegenen Männerforschung.[1] Als dann der kulturelle Individualismus das Leben der Menschen in einem immer stärkeren Maße bestimmte, begann ich, den Vorrat an belastbarer Solidarität in unseren modernen Kulturen zu erforschen.[2] Und in den Neunzigerjahren des vergangenen Jahrhunderts – als viele Indikatoren für die Säkularisierung (wie Kirchenaustritte, Abnahme des Kirchgangs) emporschnellten, befasste ich mich mit der gegenläufigen spirituellen Dynamik.[3]

Zu diesem Großforschungsprojekt stieß im Jahr 2003 die Kulturanthropologin Ariane Martin. Sie promovierte am Institut für Kultur- und Sozialanthropologie der Universität Wien und publizierte ihre phänomenologisch ausgerichtete Studie in Anlehnung an das einschlägige Zitat von Nelly Sachs unter dem Titel »Sehnsucht – der Anfang von allem. Dimensionen zeitgenössischer Spiritualität«[4]. In ihrer Analyse des sogenannten »spirituellen Feldes« interessierte

---

[1] Zulehner, Paul M.: Österreichs Männer unterwegs zum neuen Mann, Wien 1994. – Ders. (Hg.): MannsBilder. Zehn Jahre Männerentwicklung, Ostfildern 2002. – Zulehner, Paul M./Volz, Rainer: Männer im Aufbruch, Ostfildern 1998.
[2] Zulehner, Paul M./Denz, Hermann/Pelinka, Anton/Tálos, Emmerich: Solidarität. Option für die Modernisierungsverlierer, Innsbruck ²1997.
[3] Zulehner, Paul M.: Megatrend Religion, in: Stimmen der Zeit 221 (2003), 87–96.
[4] Ostfildern 2005.

sie sich weniger für Gruppen, Lehren und Praktiken, sondern fragte vielmehr danach, was moderne Zeitgenossen und noch mehr Zeitgenossinnen zu spirituell »Suchenden« macht. Sie lotet sieben spirituelle Schlüsselthemen aus, wie Reise zu sich selbst, Heilung, Festigkeit, Gemeinschaft, Verzauberung, Reise ins Weite, Sehnsucht nach einer anderen, neuen Welt mit einem neuen Menschen. Das vorliegende Buch ist ein erster pastoraltheologischer Dialog mit den kulturanthropologischen Erkenntnissen dieser Studie.

Dabei gehe ich davon aus, dass das den christlichen Kirchen anvertraute Evangelium die Menschen immer nur dann zu erreichen vermag, wenn Gott zuvor die Ohren ihrer Herzen geöffnet hat (Apg 16,14). Unabtrennbar von diesem inneren Vorgang ist unser Mühen –, auf das verborgene Handeln Gottes vertrauend – in einen behutsamen und gleichzeitig ernsthaften Dialog mit der spirituellen Sehnsucht der Menschen einzutreten. Dabei kann sich zeigen, dass es in den christlichen Kirchen Weisheiten gibt, die mit der Sehnsucht der spirituellen Pilgerinnen und Pilger eine hohe Verwandtschaft haben.

So geht es im interdisziplinären Dialog zwischen Kulturanthropologie und Pastoraltheologie um den Versuch, aufzuzeigen, dass die oft spirituell erschöpften christlichen Kirchen, wenn sie sich ihrer alten spirituellen Schätze entsinnen, für spirituelle Wanderer inmitten einer zunehmend erschöpften Moderne eine gute Adresse sein können: was ich mir als Pastoraltheologe um der Suchenden und um des uns anvertrauten Evangeliums willen sehr wünsche.

Das Ergebnis dieses Dialogs schlägt sich in zwei getrennten Bänden nieder. In dem hier vorgelegten Band wird der neueste Stand der Spiritualitätsforschung zusammengefasst und pastoraltheologisch reflektiert. In einem gleichzeitig erscheinenden Band – als »Begleitbuch« für die eigene spirituelle Reise konzipiert – werden Texte aus dem reichen Schatz der christlichen und auch außerchristlichen spirituellen Weisheit für einen spirituellen Pilgerweg moderner Zeitgenossinnen und -genossen zusammengestellt.

Paul M. Zulehner
Wien, am Fest der Mystikerin Teresa von Ávila 2007

Spirituelle Pilgerschaften

Spiritualität in Säkularität

> *Es sprechen manche:*
> *sie hättens nicht!*
> *Da erwidere ich:*
> *Das ist mir leid!*
> *Ersehnst du es aber auch nicht,*
> *das ist mir noch leider.*
> *Könnt ihr es denn nicht haben,*
> *so habt doch ein Sehnen danach!*
> *Mag man auch das Sehnen*
> *nicht haben,*
> *so sehne man sich doch*
> *wenigstens*
> *nach einer Sehnsucht!*
>
> Meister Eckhart

Dieser alte Text des Priors von Erfurt aus dem 13. Jahrhundert ist von hoher Aktualität. Auch heute begegnen spirituelle Menschen durchaus nicht nur oberflächlichen Zeitgenossen, die keine spirituellen Antennen zu haben scheinen. Während die einen eine starke spirituelle Kraft in sich fühlen, erleben andere nichts davon. Menschen mit und ohne spirituelle Sehnsucht stehen oft verständnislos voreinander.

Wie genau diese Beobachtung des mystischen Meisters aus dem Mittelalter auch auf die aktuelle gesellschaftliche Situation zutrifft, zeigt eine 2006 durchgeführte empirische Studie[1] aus Deutschland.

---

[1] Repräsentative Studie der Düsseldorfer Identity Foundation, in Zusammenarbeit mit der Universität Hohenheim, zum Thema ›Spiritualität in

Diesseitige und Jenseitsoffene

Nach dieser Untersuchung können vier von zehn Deutschen als »*unbekümmerte Alltags-Pragmatiker*« gelten. Sie sind mit ihrem Leben zufrieden, wenn die beiden »Lebensbeine« Lieben und Arbeiten gut laufen: Familie/Freunde und Beruf. Lustvoller Konsum und erfüllte Sexualität sind ihnen wichtig. Gott hingegen hat in ihrem diesseitszentrierten Leben keine Bedeutung. Ein Teil von ihnen bezeichnet sich als überzeugte Atheisten. Der Sinn solchen Lebens ist, dass man versucht, für sich das Beste herauszuholen. Unbekümmerte Alltags-Pragmatiker sind mit anderen Worten diesseitskonzentriert und »weltlich«: säkular bzw. säkularisiert.

Auf der Folie dieser atheisierenden Bevölkerungsgruppe in unseren modernen Bevölkerungen kontrastieren die anderen beträchtlich. Den »Säkularisierten« (40 Prozent) steht mit den »Spirituellen« (60 Prozent) eine anteilig größere Gruppe gegenüber. Deren »Lebens-Wirklichkeit« reicht weiter und tiefer als jene der »Säkularisierten«. Sie umfasst eine geistige Welt, den Bereich eines Gottes und die Möglichkeit, mit diesem in Beziehung zu sein. Typisch für diese Gruppe moderner Bevölkerungen ist somit eine spirituelle Jenseitsoffenheit. Das diesseitige Leben ist für sie wichtig, aber nicht alles.

Die Gruppe der jenseitsoffenen Spirituellen ist selbst sehr bunt. Unter ihnen sind etwa 10 Prozent *Traditions-Christen.* Dabei liegt der Akzent auf »Christen«. Denn die-

---

Deutschland«. Die Befragung wurde im März 2006 von der GfK Marktforschung auf der Basis von 1000 persönlichen Interviews durchgeführt. Siehe den Vorausbericht: http://www.identityfoundation.de/pressemitteilungen.0.html.

sen ist wichtig, an einen persönlichen Gott zu glauben, zu dem sie betend in Beziehung treten können.

Das in unserer Kultur leicht negativ besetzte Beiwort »Tradition« betrifft lediglich einen Teil der Angehörigen dieser Gruppe. Denn nur ein Teil dieser traditionellen Kirchenorientierten betrachtet ihre Bindung an eine christliche Kirche[2] als kulturelle Tradition und persönliches Schicksal. Sie wurden in ein christgläubiges Elternhaus hineingeboren. Früh haben sie sich in ihrer Pfarrgemeinde engagiert. Hier erfahren sie dank ihrer kirchlichen Bindung so viele Gratifikationen, dass Irritationen ihre Kirchlichkeit nicht stören. Durch keine kirchlichen Unglücksfälle, von denen es wahrlich zu viele gibt, sind sie von ihrer kritischen Loyalität zu ihrer Kirche abzubringen.

Ein anderer Teil der Kirchenorientierten hat sich zu einer starken Kirchenbindung oft mühsam persönlich durchgerungen. Das geschah nicht selten auf langen biografischen Wegen und Umwegen. Solche Christinnen und Christen sind nicht traditionelle, sondern moderne Kirchentreue. Ihre Loyalität ist für sie kein kulturelles und/oder biografisches Schicksal mehr, sondern beruht auf einer persönlichen Wahl. Sie haben sich eigenständig für ein christliches Leben entschieden. Oder mit Peter L. Berger formuliert: Sie haben das Christentum als Grundausrichtung für ihr Leben *gewählt*.[3] Das fügt sie jener wachsenden Zahl von Menschen bei, die eine Art moderner Konversion[4]

---

2   67 Prozent aller Deutschen gehörten 2006 einer christlichen Konfession an, 11,3 Prozent sind konfessionslos, 10,1 Prozent aus der Kirche ausgetreten.
3   Berger, Peter L.: Der Zwang zur Häresie. Religion in der pluralistischen Gesellschaft, Frankfurt 1980.
4   Hervieu-Léger, Danièle: Le Pèlerin et Converti, Paris 1999. – Dazu auch: Schibilsky, Michael: Religiöse Erfahrung und Interaktion, Stuttgart 1976. – Auch Zulehner, Paul M.: Umkehr – Prinzip und Verwirklichung. Am Beispiel Beichte, Frankfurt 1979.

durchmachen. Dabei handelt es sich selten um den Übertritt von einer Konfession in eine andere, sondern schon eher von einem säkularisierten zu einem christgläubig gestalteten Lebensentwurf.

Neben den »Christen« finden sich die *»Religiös Kreativen«*. Mit 35 Prozent machen sie ein Drittel der Deutschen aus. Auch diese leben unter dem weiten Dach einer christlichen Kirche. Was sie aber von ihrer Kirche für ihr modernes Leben bekommen haben, reicht für sie nicht aus. Sie erweitern ihren christlichen Glaubenskosmos einerseits durch philosophische und humanistische Ideen sowie andererseits durch Schätze aus den großen Weltreligionen. So ist es für die religiös-kreativen »Humanisten« typisch zu sagen: »Gott ist nichts anderes als das Wertvolle im Menschen«. Für die »Weltreligiösen« unter den Religiös-Kreativen hingegen ist die Aussage typisch: »Ich glaube an einen Gott, aber nicht, wie das Christentum ihn predigt.«

Ein kleiner Teil von 15 Prozent scheint im »Niemandsland« zwischen den Polen der atheisierenden Säkularisierten und der fest kirchengebundenen »Gläubigen« zu leben. Es sind die *»religiösen Sinnsucher«*. Selbst diese 15 Prozent sind nicht wenige, in Personen umgerechnet handelt es sich um mehr als sechs Millionen Deutsche. Mag sein, dass diese Suchenden zum Teil von den Atheisierenden, zum Teil von den Kirchengebundenen herkommen. »Die ›Spirituellen Sinnsucher‹ forschen weitgehend ohne konkrete religiöse Rückbezüge nach neuen Formen der Selbstvergewisserung und beziehen dabei sowohl asiatische Praktiken ein, die vor einigen Jahren hierzulande noch so gut wie unbekannt waren, als auch neue esoterische Disziplinen. Sie speisen ihren Sinnbezug aus Fragmenten des Humanismus, der Anthroposophie, Mystik und Esoterik. Ihre Suche ist getrieben von dem Wunsch, die eigene Berufung und innere Mitte zu finden. Sie interessieren sich für spirituelle Praktiken wie Yoga, Qi Gong und Meditation, aber auch für ausgefallene Disziplinen wie Trancereisen, Schamanismus oder Kartenlegen. Charakteristische Statements: ›Der Kosmos wird vom Sinn in sich, einem höheren Wesen oder von einem unpersönlichen ›Spirit‹ zusammengehalten.«[5]

Die sozioreligiöse Lage moderner Gesellschaften erscheint somit als hoch polarisiert. Hier die Diesseitigen, dort die Jenseitsoffenen; hier jene, die Gott »herglauben«, dort jene, die Gott »wegglauben«. Und dazwischen jene, die sich mit den Positionen an den Rändern nicht abfinden. In der Fachliteratur werden sie die »spirituellen Wanderer« (Christoph Bochinger) oder die »spirituellen Pilger« (französisch pèlerin: Daniele Hervieu-Léger[6]) genannt. Abschätzig wirken Begriffe wie »Religionsbastler« – von Patchwork-Religion ist die Rede. Positiv klingt die Bezeichnung »Religionskomponisten«.[7]

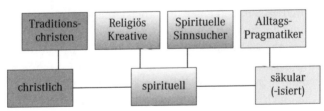

Polarisierung zwischen religiös – spirituell – säkularisiert

Am wenigsten befangen ist die phänomenologische Beobachtung einer spirituellen Dynamik inmitten säkularer

---

5   Aus der Pressemitteilung der Identity-Foundation.
6   Hervieu-Léger, Danièle: La Religion pour mémoire, Paris 1993. – Dies.: Le Pèlerin et Converti, Paris 1999. – Dies.: Les Identités religieuses en Europa, Paris 1996.
7   Zulehner, Paul M./Polak, Regina/Hager, Isa: Religion im Leben der Menschen 1970–2000, Ostfildern 2001.

Kulturen. Von ihr sind jene Personen erfasst, die weder in der »aufgeklärten« Freiheit von Gott noch in der sicheren Geborgenheit eines festen Verankertseins in Gott oder einer Kirche leben. Ob der Trendforscher Matthias Horx an diese Pilger dachte, als er in der Mitte der Neunzigerjahre einen »Megatrend der Respiritualisierung«[8] ausmachte? Dieses »spirituelle Feld«[9] zwischen den unbekümmerten Alltagspragmatikern und den Christen speist sich sichtlich aus zwei Quellen: Die einen versuchen der »erschöpften säkularen Moderne« zu entrinnen, die anderen hingegen fliehen aus spirituell »erschöpften christlichen Altkirchen«.

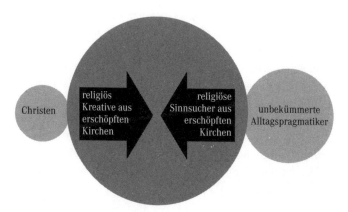

Woraus sich das spirituelle Feld speist

---

8 Horx, Matthias: Megatrends der späten neunziger Jahre, Düsseldorf 1995. – Unsicher erscheint der Begriff der »Wiederkehr« für etwas, was ja trotz aller Prognosen längst nicht verschwunden ist: Religion, Christentum und die Kirchen; das trifft auch für den Begriff der »Respiritualisierung« (Matthias Horx) zu. Das »Re-« verursacht mehr Fragen, als es löst.

9 Diesen Begriff hat Ariane Martin in ihrer Studie über zeitgenössische Spirituelle in die Diskussion eingeführt: Martin, Ariane: Sehnsucht – der Anfang von allem. Dimensionen zeitgenössischer Spiritualität, Ostfildern 2005.

Was aber verbirgt sich hinter dem deutenden Wort von der spirituellen Dynamik? Dazu muss tiefer gegraben werden. Die dazugehörenden Fragen sind: Worauf zielt die spirituelle Dynamik in säkularen Kulturen? Was suchen die spirituell Suchenden näherhin? Welches ist, mit Meister Eckhart formuliert, ihre Sehnsucht?

Dimensionen spirituellen Suchens

Die Mainzer Kulturanthropologin und (Religions-)Ethnologin Ariane Martin hat sich der phänomenologischen Erforschung des »spirituellen Feldes« in Deutschland gewidmet. Dabei wollte sie nicht jene Gruppen vorstellen, in denen spirituell Suchende heute unterwegs sind; das ist vielfältig schon in anderen voluminösen Standardwerken geschehen.[10] Viel grundlegender befasste sie sich mit jenen Sehnsüchten, die moderne Menschen in einer fortgeschritten säkularen Kultur spirituelle Wege einschlagen lassen.

Ariane Martin hat sieben voneinander abgrenzbare Grunddimensionen ausfindig gemacht. Die tieferen Beweggründe zeitgenössischer spiritueller Suche sind also breit gefächert. Sie wenden den Menschen zugleich nach innen und nach außen:

---

10 Hempelmann, Reinhard u. a.: Panorama der neuen Religiosität. Sinnsuche und Heilsversprechen zu Beginn des 21. Jahrhunderts, völlig überarbeitete Neuausgabe Gütersloh ²2005 (688 Seiten). – Ähnlich: Reller, Horst u. a. (Hg.): Handbuch Religiöse Gemeinschaften und Weltanschauungen, Gütersloh ⁵2000 (1111 Spalten). – Schmid, Georg u. a. (Hg.): Kirchen, Sekten, Religionen. Religiöse Gemeinschaften, weltanschauliche Gruppierungen und Psycho-Organisationen im deutschen Sprachraum. Ein Handbuch, begründet von Oswald Eggenberger, Zürich ⁷2003 (528 Seiten). – Gasper, Hans u. a.: Lexikon der Sekten, Sondergruppen und Weltanschauungen. Fakten, Hintergründe, Klärungen, Freiburg 1995 (1254 Spalten). – Miers, Horst E.: Lexikon des Geheimwissens, München 1997 (700 Seiten).

- *Reise zu sich selbst:* Menschen kehren bei sich ein, in ihr Lebenshaus, in ihre Lebensgeschichte. Behilflich sind dabei bewährte »Techniken« aus religiösen Traditionen, vor allem Meditation und Kontemplation: jeder zehnte 20- bis 29-jährige Deutsche meditiert, einer von zehn 40- bis 49-Jährigen macht Yoga. Die eigene Mitte wird gesucht. Der Weg führt von der Peripherie des Lebensrades in dessen Mitte. Der »Exodus ins Ego«[11] wird angetreten. Hier ist der spirituell Suchende bei sich. Ein Fenster tut sich auf in eine geistige Welt, die in der Betriebsamkeit des Alltags verschlossen war. Menschen, die durch weltliche Frequenzen zugedröhnt und »gotttaub« geworden sind, beginnen neu die leise Musik Gottes zu hören. Karl Valentin kann mit seiner berühmten Frage verdeutlichen, was viele erstreben: »Heut abends bsuach i mi, i bi gspannt, ob i dahoam bin.«
- *Verzauberung:* Max Weber hatte die Säkularisierung als Entzauberung der Welt beschrieben.[12] Jetzt verläuft die Entwicklung umgekehrt: Das spirituelle Interesse in säkularen Kulturen geht mit einer Wiederverzauberung der Welt einher. Inmitten profaner Geheimnislosigkeit sucht der Mensch wieder das verlorene Geheimnis. Die Welt, in der wir leben, gilt als vielschichtiger und reicher, als wir sie äußerlich mit unseren rein physischen Sinnen wahrnehmen können. Das Sehen mit dem Herzen wird wichtig. Denn »man sieht nur mit dem Herzen gut« (Antoine de Saint-Exupéry). Wahrgenommen werden will die Aura, die An-

---

11 Weis, Hans-Willi: Exodus ins Ego. Therapie und Spiritualität im Selbstverwirklichungsmilieu, Zürich 1998.
12 Weber, Max: Gesammelte Aufsätze zur Religionssoziologie, Tübingen ³1934.

wesenheit von Engeln, die bis in die Werbung hinein auf der symbolischen Ebene längst wieder inmitten säkularer Kulturen anwesend sind.
- *Heilung:* Wichtig ist spirituell Suchenden Heilung. Solche erhoffen sie sich nicht allein von der Hightech-Medizin oder der Psychotherapie, die manche sogar ablehnen. Vielmehr setzen sie auf »geistige Heilung«.[13] Entscheidend ist für sie das spirituelle Wissen, dass es den Menschen »krank« macht, wenn er von der göttlichen Quelle seines Seins abgeschnitten ist. Sich mit seinem Ursprung in ritueller Erfahrung (etwa durch Handauflegung in »healing services«) wieder zu verbinden, ist die Mitte geistiger Heilung. Dann kann, so das spirituelle Vertrauen, die göttliche Lebenskraft (chinesisch Chi wie in Tai Chi, Qi Gong) wieder fließen.
- *Gemeinschaft:* Nicht nur Einzelne sind krank. Krank sind auch Gesellschaften, in denen bösartige Handlungsmuster herrschen und die durch deren Wiederholung destruktive Strukturen hervorbringen. Als rettendes Gegengewicht suchen Spirituelle heilsame Gemeinschaften. In solchen wird der Einzelne nicht »hingerichtet«, sondern vielmehr aufgerichtet. Solche spirituelle Gemeinschaften prägt eine Ethik der Liebe.
- *Festigkeit:* In Zeiten, in denen in Abwandlung eines Lutherzitats gilt »Hier stehe ich und ich kann jederzeit anders«, haben manche Menschen den Boden unter ihren Lebensfüßen verloren. Sie sind in Gefahr, nicht mehr verlässlich zu wissen, wer sie in Wahrheit sind. Sie haben auch die Sicherheit dabei verloren, wie sie gut und richtig leben sollen. Ihr Lebenshaus ist, jesuanisch

---

13 Goldsmith, Joel S.: Die Kunst der geistigen Heilung, Argenbühl-Eglofstal ²1985 (Erstauflage 1962).

gesagt, auf Sand gebaut (Mt 7,24-27). Lebensstürme vermag es nicht zu überstehen. Spirituell Suchende verlangen nach Felsen als tragfähiges Fundament für ihr Lebenshaus. Mehr als überzeugende Argumente zählen dabei glaubwürdige Personen, spirituelle Lehrer und Meister.

- *Reise ins Weite:* Die moderne Kultur hat die Menschen in die Enge getrieben – nicht zuletzt in die Enge eines unbezogenen Individualismus. Zugleich hat sich der moderne Mensch aus dem Gefüge der Natur herrscherlich herausgelöst. In solcher Isolation verliert der Einzelne das Wissen um seinen Wert und seine Würde. Spirituell Suchende machen sich auf eine Reise ins Weite. Sie nehmen sowohl den Oikos als auch einen hintergründigen heiligen Kosmos wieder wahr. Neue Spiritualität hat vordergründig eine ökologische Dimension. Letztlich aber geht die Reise ins Weite hinein in die bergende Welt des Göttlichen. Das lässt zeitgenössische Spiritualität manchmal pantheisierend erscheinen. Der Suchende lernt sich als Teil des Göttlichen kennen. Monistische Entwürfe aus asiatischen Religionen fallen in diesem Rahmen auf fruchtbaren Boden: Sie kennen die christliche Abgrenzung eines Schöpfers von seinem Geschöpf nicht. Vielmehr ist auch diese sichtbare Welt ein Moment an der all-einen göttlichen Wirklichkeit.
- *Weltverhältnis:* Spirituell Suchende stehen der Welt mit gemischten Gefühlen gegenüber. Die dunklen Anteile überwiegen. Die »alte«, säkular gewordene Welt scheint für viele in einer ausweglosen Sackgasse zu stecken. Nicht wenige spirituelle Menschen und ihre Gemeinschaften sehen sich als Avantgarde einer neuen Welt. Wie diese zustande kommt, wird unterschiedlich

gedacht – das eine Mal muss die alte Welt untergehen, damit Platz für eine neue wird; das andere Mal transformiert sich die alte Welt in eine neue zukunftsfähige Gestalt hinein – und die Spirituellen und ihre Gemeinschaften sind deren Vorhut und Vorbereiter.

Umgebungen

Wir haben uns bisher jenen Formen von Spiritualität angenähert, die in unserer Gesellschaft im Rahmen der Lebensgestaltung einzelner Menschen vorkommt, welche nach Verwandlung der eigenen Person wie der Lebensverhältnisse streben. Auf spirituelle Elemente und Symbole stoßen wir aber auch in anderen gesellschaftlichen und kulturellen Umgebungen. Spiritualität finden wir also nicht nur auf ihrem ureigenen Feld der Lebensformung, sondern auch auf den »Feldern« Markt, Gewalt und Wellness.

Vermarktung mit Hilfe spiritueller Symbole

Immer häufiger werden spirituelle Symbole in der Werbung eingesetzt, um die Aufmerksamkeit der Menschen auf Waren zu ziehen. Was bislang nackte Frauen- und jüngstens auch erotische Männerkörper leisten sollten, wird jetzt immer häufiger von spirituellen oder religoiden Symbolen erhofft: die Vermarktung von Produkten. Da wird Butter aus Bayern mit dem Verweis auf das Vaterunser (»Auf unser tägliches Brot«) beworben. Eine französische Automarke kommt als verführerische Schlange im Paradies daher. »Da strahlt die Gemeinde« dient dem Verkauf von Zigaretten. Damenunterwäsche gibt ein himmlisches Gefühl (»Feel like heaven«). Arnold Schwarzenegger probt die Auferstehung (Terminator 2). Glaube, Liebe, Hoffnung bilden die Brücke zur Bundesligarückrunde in einem Fernsehsender. Es sind ausgewählte Beispiele, die sich lange fortsetzen ließen.

Der Kölner Theologe Hans Joachim Höhn[14] hat über solche marktgängige Spiritualität scharfsinnig nachgedacht. Er

---

14 Höhn, Hans-Joachim: Auf dem Weg in eine postsäkulare Kultur? Herausforderungen einer kritischen Phänomenologie der Religion, in:

sieht einen Vorgang ablaufen, der aus alten Zeiten übrig gebliebene religiöse Symbole letztlich vernichtet, sobald diese zur Vermarktung benützt werden. Zuerst werden solche religiösen Symbole aus ihrer Umgebung (etwa dem kirchlichen Leben, der Liturgie ...) herausgeschält, »deformatiert«: Sie verlieren dabei ihre ursprüngliche religiöse »Formatierung«. Dadurch werden sie gleichsam verflüssigt, was wiederum möglich macht, dass sie in die verschiedensten Winkel säkularen Lebens fließen können. »Flüssig« heißt in der Fachsprache »liquid« werden, ein Wort, das im ökonomischen Gebrauch so viel wie »zahlungsfähig« heißt. Sind die religiösen Symbole einmal in ein säkulares Format (z.B. eben in einen Vermarktungsvorgang) eingebunden, dann wird nicht das Säkulare religiös, sondern das Religiöse säkular. Die Verwendung religiöser Symbole zur Vermarktung von Waren ist damit, so Höhn, der Anfang vom Ende

---

Zulehner, Paul M. (Hg.): Spiritualität – mehr als ein Megatrend, Ostfildern 2004, 15–28.

religiöser Restsymbole, die in säkularen Kulturen als Erbe noch vorhanden sind. Kurzum: Die Benutzung spiritueller Symbole zur Vermarktung von Waren weist nicht auf eine Wiederkehr von Spiritualität oder Religion hin, sondern ist der Anfang von deren definitivem Ende. Die Vermarktung »liquidiert« spirituelle Symbole.

Ist das aber zwingend so? Das würde ja auch bedeuten, dass die Freude an erotischen Menschenkörpern dadurch hätte zerstört werden müssen, dass – aus dem Format der Feste der Liebe »deformatiert« – diese nunmehr im »Format« des Marktes zum Einsatz kamen. Eben das ist aber erfreulicherweise nicht geschehen. Die Ästhetik des menschlichen Körpers berührt uns, mit oder ohne Vermarktung. Warum sollte es ausgerechnet bei religiösen Symbolen anders sein?

Der Einsatz von religiösen und spirituellen Symbolen auf dem Markt kann, im Kontrast zu Höhn, anders gedeutet werden. Von der Werbung werden ja nur jene Symbole verwendet, die kulturell akzeptiert sind und in der Tiefe der Werbungsempfänger auch einen Widerhall erzeugen. Das gilt für die Liebe, die Treue, die Weite der Natur, die Kraft starker Pferde. Die Vermarktung von Produkten mit Hilfe spirituell-religiöser Symbole kann also als Hinweis gewertet werden, dass diese in den Menschen eine Stimmung auslösen, auf deren Woge dann erfolgreich Waren »angesurft« werden können; ein Hinweis also, dass diese Symbole kulturell »ansprechbar« sind. Die Vermarktung religiöser Symbole ist dann eben nicht Zeichen für ein Säkularisierungsfinale, sondern eine der Formen, in denen Präsenz und Kraft des Spirituellen sichtbar werden.

Religion und Gewalt

Zusammen mit anderen international führenden Religionssoziologinnen und -soziologen hat Peter L. Berger auf das weltweite Erstarken der Religion vor allem im politischen Raum hingewiesen.[15] Die Autoren verweisen dabei sowohl auf die Pfingstbewegung in Lateinamerika wie auf die Ausbreitung des Islam auf der Weltbühne.

Diese zunehmende politische Präsenz der Religion ist aber nicht ungetrübt. Für Beunruhigung sorgt eine Gemengelage aus erstarkender Religion und Gewalt.[16] 9/11 steht dafür: Wenn der Attentäter Muhammad Atta mit einem Koranvers auf den Lippen das entführte Passagierflugzeug in einen der Twintower in New York steuert, kann die Liaison zwischen Religion und terroristischer Gewalt nicht mehr übersehen werden.

Natürlich besteht der Zusammenhang nur an der Oberfläche. Es ist nicht allein das Versprechen des Paradieses und seiner männerfreundlichen Bekömmlichkeiten für die Attentäter, die Religion zu einem Teil eines gewaltförmigen Prozesses werden lassen. Es steht dahinter auch der Zusammenprall der westlichen mit der arabischen Welt, eine Variante des von Samuel Huntington so getauften »clash

---

15 Berger, Peter L. (Hg.): The Desecularization of the World. Resurgent Religion and World Politics, Washington 1999.
16 Die Annahme, dass Monotheismus im Gegensatz zum Polytheismus immer gewaltförmig und intolerant sei, wird hier nicht vertreten. Mehr dazu in Assmann, Jan: Moses der Ägypter. Entzifferung einer Gedächtnisspur, München 1998. – Odo Marquard, Lob des Polytheismus. Über Monomythie und Polymythie, in: Marquard, Abschied vom Prinzipiellen. Philosophische Studien, Stuttgart 1981. – Zirker, Hans: Monotheismus und Intoleranz, in: Konrad Hilpert/Jürgen Werbick (Hg.): Mit den Anderen leben. Wege zur Toleranz, Düsseldorf 1995, 95–117. – Manemann, Jürgen: Monotheismus. Jahrbuch Politische Theologie 4, Münster 2002.

of civilizations«.[17] Bei diesem Zusammenstoß spielen nicht nur unterschiedliche Religionskonzepte, sondern mindestens ebenso viel Ungerechtigkeiten in der Verteilung von Lebenschancen eine wirkmächtige Rolle.

Immerhin erinnert dieses bedrängende Beispiel des Verschmelzens von fundamentalistischem Islam und terroristischer Gewalt daran, dass jede Religion gegenüber Gewalt ambivalent ist. Auch das Christentum hat in seiner zweitausend Jahre währenden Geschichte der Versuchung zur Gewalt nicht widerstanden. Kreuzzüge, Inquisition, Kolonialisierung, aber auch Zwangsbekehrung und religionspädagogischer Einsatz von Höllenangst gehören zu seinem Sündenregister. Johannes Paul II. hat sich zur Wende ins dritte Jahrtausend vor aller Weltöffentlichkeit dafür in einer Bußliturgie entschuldigt.

Besonderes Interesse hat eine Passage der 2006 gehaltenen Regensburger Vorlesung von Benedikt XVI. gefunden. Ihm war daran gelegen, Gott und Gewalt entschieden voneinander zu trennen. Dabei stützte er sich auf einen Dialog des gelehrten byzantinischen Kaisers Manuel II. Palaeologos im Winterlager zu Ankara mit einem gebildeten Perser über Christentum und Islam und beider Wahrheit. Wörtlich führte der Papst aus:

»In der... siebten Gesprächsrunde (διάλεξις - Kontroverse) kommt der Kaiser auf das Thema des *Djihád* (heiliger Krieg) zu sprechen. Der Kaiser wusste sicher, dass in *Sure* 2, 256 steht: Kein Zwang in Glaubenssachen – es ist eine der frühen *Suren* aus der Zeit, in der Mohammed selbst noch machtlos und bedroht war. Aber der Kaiser kannte natürlich auch die im Koran niedergelegten – später entstandenen – Bestimmungen über den heiligen Krieg. Ohne sich

---

17 Huntington, Samuel: The clash of civilizations and the remaking of world order, New York 1997.

auf Einzelheiten wie die unterschiedliche Behandlung von ›Schriftbesitzern‹ und ›Ungläubigen‹ einzulassen, wendet er sich in erstaunlich schroffer [für uns unannehmbar schroffer][18] Form ganz einfach mit der zentralen Frage nach dem Verhältnis von Religion und Gewalt überhaupt an seinen Gesprächspartner. Er sagt: ›Zeig mir doch, was Mohammed Neues gebracht hat und da wirst du nur Schlechtes und Inhumanes finden wie dies, dass er vorgeschrieben hat, den Glauben, den er predigte, durch das Schwert zu verbreiten‹. Der Kaiser begründet dann eingehend, warum Glaubensverbreitung durch Gewalt widersinnig ist. Sie steht im Widerspruch zum Wesen Gottes und zum Wesen der Seele. ›Gott hat kein Gefallen am Blut, und nicht vernunftgemäß, nicht σὺν λόγω zu handeln, ist dem Wesen Gottes zuwider. Der Glaube ist Frucht der Seele, nicht des Körpers. Wer also jemanden zum Glauben führen will, braucht die Fähigkeit zur guten Rede und ein rechtes Denken, nicht aber Gewalt und Drohung ... Um eine vernünftige Seele zu überzeugen, braucht man nicht seinen Arm, nicht Schlagwerkzeuge noch sonst eines der Mittel, durch die man jemanden mit dem Tod bedrohen kann ...‹.

Der entscheidende Satz in dieser Argumentation gegen Bekehrung durch Gewalt lautet: Nicht vernunftgemäß handeln, ist dem Wesen Gottes zuwider.«[19]

Selbst solche tiefsinnigen theologischen Gedanken beseitigen nicht die auch dem Christentum in seinen konkreten Anhängern nach wie vor innewohnende Gewaltbereitschaft. Diese kann im pädophilen Missbrauch seelsorglicher Positionen durch Kleriker ebenso zum Ausbruch kommen wie im Hang zumal fundamentalistisch gesinnter Christinnen

---

18 Dieser Zusatz wurde wegen der in der islamischen Welt ausgelösten Missverständnisse vom Papst nachträglich eingefügt.
19 Benedikt XVI.: Vorlesung in Regensburg am 12. 9. 2006.

und Christen zur Todesstrafe. Männerstudien haben aufgedeckt, dass gerade religiöse Männer überdurchschnittlich »autoritär« sind.[20] Autoritäre weisen wiederum eine überdurchschnittliche Gewaltbereitschaft in verschiedenen Richtungen auf. Tragisch für die betroffenen Personen ist, dass ihre autoritäre Grundstimmung Ausdruck ihrer inneren Schwäche ist. Wer ein gesättigtes Selbstwertgefühl hat, entwickelt keine Neigung, andere zu unterdrücken.

Auch die spirituelle Dynamik in säkularen Kulturen ist daher auf den Prüfstand zu stellen, ob sie gewaltgeneigt oder gewaltarm ist. Einige neuere spirituelle Lehren und Gruppen werden diese Prüfung nicht positiv bestehen.

Spiritualität als Vertröstung

Pfaffen – Trost

Du wirst ein schönes Leben schauen,
Und ewig, ewig bleibt es Dein;
Man wird Dir gold'ne Schlösser bauen,
Nur – musst Du erst gestorben sein!

Du wirst bis zu den Sternen dringen,
und stellen Dich in ihre Reih'n,
Von Welten Dich zu Welten schwingen,
Nur – musst Du erst gestorben sein.

Du wirst, ein freier Brutus, wallen
Mit Brutussen noch im Verein,
All' Deine Ketten werden fallen,
Nur – musst Du erst gestorben sein.

---
20 Mehr dazu: Zulehner, Paul M. u. a.: MannsBilder. Zehn Jahre Männerentwicklung, Ostfildern 2003.

Wenn Sünder in der Hölle braten,
So gehest Du zum Himmel ein;
Du wirst geküsst und nicht verraten,
Nur – musst Du erst gestorben sein –

Ob ihm der Ost die Segel blähe,
Was hilft's dem morschen, lecken Kahn?
Was hilft dem Fink die Sonnennähe,
den Tod ein Adler trägt hinan?

Georg Herwegh

Vertröstung auf das Jenseits

Religion, so Karl Marx, wurde vor allem von den Armen und für diese gern als Droge verwendet. Marx unterstellte, dass die Mächtigen sich auch deshalb mit Religionen gut stellen, um die Ausgebeuteten vom Elend der Welt abzulenken und inmitten des »Tales der Tränen«[21] mit einem verheißenen Jenseits zu vertrösten. Die marxistische und später die sozialistische Arbeiterbewegung (siehe oben das Gedicht des Arbeiterdichters Georg Herwegh aus der Arbeiterzeitung des Jahres 1898[22]) wollten in ihrer Arbeiterbildung die Menschen genau auf diese sozialpolitisch lähmende Wirkung von Religion aufmerksam machen. Die von der religiösen Droge[23], dem Opium des Volks, kampfunfähig Gemachten sollten durch »Aufklärung« auf »Religionsentzug« gesetzt werden. Dann würden sie sich nicht

---

21 »In hac lacrimarum valle« – so im altehrwürdigen Gebet »Salve Regina«.
22 Zulehner, Paul M.: Kirche und Austromarxismus, Wien 1967, 183f. (AZ vom 23. 8. 1898).
23 Vandervelde, Emile: Alkohol, Religion, Kunst. Drei sozialistische Untersuchungen. Übersetzt aus dem Französischen von Engelbert Pernerstorfer, Jena 1907.

mehr auf das Jenseits vertrösten lassen, sondern sich »religiös ausgenüchtert« im realen Diesseits dem sozialen Kampf stellen. Der Aufruf, das eigene Schicksal in die Hand zu nehmen, die Verhältnisse zu durchschauen und sich für den Kampf gegen das Elend organisieren zu lassen, fiele dann auf einen fruchtbaren Boden.

Keine christliche Kirche vertröstet heute Menschen auf das Jenseits. Im Gegenteil: Die durchaus glaubenszentralen Traktate über die sogenannten »Letzten Dinge« (wie die Kultur des Sterbens, Leben nach dem Tod, Fegfeuer, Wiedergeburt, Himmel, Hölle) werden von christlichen Predigern fahrlässig beschwiegen. Die Christen haben sich (vielleicht gedrängt durch den Marxismus, noch mehr aber durch das himmelschreiende Elend des Proletariats) an das bei Matthäus überlieferte Jesuswort vom Weltgericht zurückerinnert. Gegen alle selbstverliebte Frömmigkeit, die sich an den Menschen zu Gott hin »vorbeilieben« will, lehrt Matthäus seine Gemeinde mit jesuanischer Härte: Niemand kommt ins Reich Gottes, der sich nicht für die Armen dieser Welt oder zumindest für die Jünger Christi verausgabt hat (Mt 25,31-46). Gott selbst wird in den von Karl Marx gut gekannten alttestamentlichen Schriften als einer beschrieben, der »Aug und Ohr« ist für das Elend der Ausgebeuteten und Unterdrückten (Ex 3,7-10). Gerade das Christentum hat in den letzten Jahrzehnten eine klare »Option für die Armen« abgegeben und praktiziert. Es wurden theologische Versuche unternommen, das Christentum mit dem Marxismus zu verweben. Solche theologischen Entwürfe haben sich freilich in der katholischen Weltkirche nicht dauerhaft behaupten können. Aber auch ohne den Einbau marxistischer Anthropologie und Gesellschaftslehre in befreiungstheologische Konzepte wird niemand mehr offiziell in einer christlichen Kirche eine Spiritualität verfechten, die vom tatkräftigen Einsatz für die Armen der Welt ablenkt: und zwar nicht nur durch bereitwilliges Versorgen der Opfer, sondern durch ein politisches Engagement, das auf Zukunft hin Opfer verhindert.[24] Dass es dennoch auch in unseren Tagen eine solche unjesuanische, weltflüchtige Frömmigkeit unter Christinnen und Christen, auch in Gruppen und geistlichen Bewegungen sowie in bürgerlich gesättigten Pfarrgemeinden gibt, wird damit nicht bestritten.

Vertröstung auf das Diesseits

Moderne Lebenskulturen prägt nicht mehr eine Vertröstung auf das Jenseits, sondern vielmehr eine Vertröstung auf das Diesseits. Dafür sprechen breite Befunde, die über Jahrzehnte hinweg in Europa erhoben wurden.[25] Das zeitgenössische Lifedesign heißt »optimal leidfreies Glück«: in der Liebe, in der Arbeit und im Amüsement.

Gegen die uralte Sehnsucht jedes Menschen nach Glück ist – weder anthropologisch noch theologisch – etwas vorzubringen. Sosehr aber die Sehnsucht nach dem Glück den Menschen ausmacht: fragwürdig ist die Verknüpfung von Glück und Leidfreiheit. Dabei soll behebbares Leid auch behoben werden: durch eine hervorragende Medizin, die sich auch in palliativer (schmerzlindernder) Hinsicht bewährt, durch die Beseitigung jener Ungerechtigkeiten, die den Menschen ihr Leben oft aussichtslos schwer machen, durch eine kompetente Psychotherapie und Seelsorge, die

---

24 Dazu: Benedikt XVI.: Deus caritas est, Rom 2006. – Zulehner, Paul M.: Liebe und Gerechtigkeit. Zur Antrittsenzyklika von Benedikt XVI., Wien 2006.
25 Zulehner, Paul M./Denz, Hermann: Wie Europa lebt und glaubt, Düsseldorf 1990. – Denz, Hermann (Hg.): Die europäische Seele. Glauben und Leben und Europa, Wien 2002.

sich den Leidenden einfühlt und Wege sucht, wie man im Leid bestehen kann, auch wenn man das Leid nie verstehen wird.

Dennoch: Das Leid gehört zum irdischen Leben wie der Schmerz zur Freude, wie der Tag zur Nacht, wie das Dunkel zum Licht, wie der Tod zum Leben, wie das Yin zum Yang. Leid ist so bedeutsam für die Tiefe des Lebens, dass wir einem Menschen, den wir von Herzen lieben, bekennen, dass wir ihn gut *leiden* können.

Leben als letzte Gelegenheit

Noch mehr Fragen als die bedenkliche Leidflüchtigkeit wirft eine andere Seite moderner Lebensart auf. Das Streben moderner Zeitgenossen ist darauf gerichtet, die durch nichts begrenzbare Glückssehnsucht innerhalb des Horizonts von achtzig, wenn es hoch kommt neunzig Jahren, zu erfüllen. Das macht moderne Kulturen in zugespitztem Maße diesseitskonzentriert. Im Vergleich zu früheren Generationen leben wir, die Heutigen, zwar länger, aber insgesamt kürzer: Denn früher lebten die Leute dreißig plus ewig und wir nur noch neunzig.

Marianne Gronemeyer nennt dieses moderne Lifedesign »Leben als letzte Gelegenheit«.[26] Die Jugendkultur der Achtzigerjahre hat dessen innere Logik knapp auf den Begriff gebracht: »Wir wollen alles, und zwar subito.« Lebensziel ist maximales Glück in minimaler Zeit. Das Maßlose im Mäßigen. Im theologischen Sprachspiel: Wir suchen den Himmel auf Erden – jenen Himmel, der als Himmel Gottes modernen Zeitgenossen weithin verschlossen zu sein scheint: also eine Art Himmel ohne Gott.

---

26 Marianne Gronemeyer: Leben als letzte Gelegenheit. Zeitknappheit und Sicherheitsbedürfnisse, Darmstadt 1993.

Was aber, so fragt Gronemeyer, geschieht mit einem Lebensstil, wenn die auf einen paradiesischen Himmel ausgerichtete maßlose Sehnsucht des Menschen sich nicht mehr dorthin orientiert oder auch nicht mehr orientieren kann (weil eben der Himmel kulturell verschlossen ist)? Wie lebt ein Mensch – im religiösen Sprachspiel ausgedrückt –, wenn er gleichsam den Himmel auf Erden sucht, also das maßlose Glück in mäßiger Zeit?

Marianne Gronemeyer deutet den ersten Teil ihrer Antwort schon im Untertitel an: Es entsteht »Zeitknappheit«. Wer für seine »Himmelssehnsucht« nur die Erdenzeit zur Verfügung hat und dennoch himmelsartig, paradiesförmig leben will, muss *schnell* machen. Leben war noch nie so schnell wie heute. Psychologische Fachleute raten daher zur Entschleunigung. Solche Ratschläge bleiben zumeist vergeblich. Sie erreichen nicht die Wurzel der Schnelligkeit und der Lebenshast: nämlich das kulturell neuartige und anspruchsvolle Unterfangen, maßloses Glück in mäßiger Zeit zu finden. Die »Entdeckung der Langsamkeit« (so der Name eines bekannten Romans von Sten Nadolny) mag die Lebenshast lindern. Doch eine wirkliche Heilung kann sie nicht gewähren. Auch der Rat von Organisationsentwicklern zur Entschleunigung greift zu kurz, so nützlich er für Organisationen in der Umbaukrise sein mag – in dieser Hinsicht hat die katholische Weltkirche beste Werte: Viel langsamer geht es kaum noch.

Wo das Leben schnell und hastig ist, kommt es leicht zur *Überforderung*. Burn-out gilt inzwischen als eine der teuersten Volkskrankheiten. »Wir amüsieren uns zu Tode«, so titelte Neil Postman.[27] Ähnlich das Buch von Diane

---

[27] Postman, Neil: Wir amüsieren uns zu Tode. Urteilsbildung im Zeitalter der Unterhaltungsindustrie, Frankfurt 1985.

Fassel: »Wir arbeiten und noch zu Tode.«[28] Und der Beziehungstherapeut Jürg Willi – er lehrt auf dem Lehrstuhl für Psychologie in Zürich – vermerkt[29], dass die Liebe immer öfter an unbemerkter religiöser Überforderung kollabiert. Das ist nicht schwer zu verstehen. Denn in der Liebe wollen wir eben Ewigkeit und Unendlichkeit. Also letztlich Gott. Wir versprechen einander auch solch maßloses Glück in romantischen Liebesschwüren. Einstehen kann aber dafür niemand. Denn auch in der Liebe bleiben wir endliche Menschen. Zu lernen wäre deshalb, so der kluge Jesuit Roman Bleistein, »die Tugend des Erbarmens: in ihr vergebe ich dem anderen, dass er mein Gott nicht sein kann«[30]. Liegt hier der Grund dafür, dass in der Stadt Wien inzwischen 63 Prozent der Ehen nach geraumer Zeit wieder aufgelöst werden? Scheitert die Liebe aufgrund einer letztlich religiösen Übererwartung an einen begrenzten Menschen, die letztlich nur ein Gott erfüllen kann – zu dem aber Zeitgenossen, die vergessen haben, dass sie Gott vergessen haben, keinen Zugang haben?

Umgeben ist dieses angestrengte Leben immer mehr von einem diffusen Gefühl der *Angst*. Immer mehr Kinder, die in eine Grundschule eintreten, bringen therapiebedürftige Ängste mit. Studien lassen vermuten, dass unter den vielfältigen Ängsten heute die »Angst zu kurz zu kommen« herausragt. Das ist unschwer zu verstehen. Wer den Himmel auf Erden sucht, lebt mit dem ständigen Verdacht, dass dies nicht gelingen kann. Das Maßlose ist im Mäßigen nicht zu finden. Das unendliche Glück nicht auf der end-

---

28 Fassel, Diane: Wir arbeiten uns noch alle zu Tode. Die vielen Gesichter der Arbeitssucht, München 1994.
29 Willi, Jürg: Koevolution. Die Kunst gemeinsamen Wachsens, Reinbek 1985.
30 Bleistein, Roman: Die jungen Menschen und die alte Kirche, Freiburg 1972, 75.

lichen Erde mit endlichen Menschen und endlichen Möglichkeiten. Sollten also jene Gesellschaftswissenschaftler Recht behalten, die unsere moderne Kultur als »culture of fear«[31] beschreiben?

Angst *entsolidarisiert*. Sie macht den anderen zum Konkurrenten auf der Jagd nach dem Glück. Dabei halten moderne Menschen Solidarität durchaus für eine wichtige Tugend. Das Wichtigste, was Kinder lernen müssen, ist heute nicht mehr Gehorsam, sondern die Fähigkeit, teilen zu können.[32] Wir sind von einer Gehorsamskultur in eine Solidarkultur übersiedelt. Leider nur im Modus des Wünschens. Was wir aber zu sein wünschen, nämlich solidarische Menschen, scheitert im Kontext der Angst.

Das Weite suchen

Es verwundert nicht, dass solches Leben von immer mehr Zeitgenossen als fragwürdig erlebt wird. Nicht wenige fühlen, dass etwas nicht stimmt. Es ist manchmal zum Davonlaufen. Davonlaufen heißt im Englischen *escape*. Tatsächlich suchen immer mehr Zeitgenossen ihr Heil in der Flucht aus dem banalen und schier unerträglichen Alltag. Sie suchen jenem Alltagsleben zu entrinnen, das hastig, überfordernd, angstbesetzt und entsolidarisierend ist. Sie suchen, mit anderen Worten, »das Weite«.

Für Alltagsflüchter gibt es viele Möglichkeiten. Manche, deren Ehe, deren Liebe verbraucht ist, flüchten am Sonntagabend in das schöne gespielte Lebensglück einer Rosamunde Pilcher. Andere – und immer mehr jüngere

---

[31] Furedi, Frank: Culture of fear: risk-taking and the morality of low expectation, London 2003. – Glassner, Barry, The culture of fear: why Americans are afraid of the wrong things, New York 2003.
[32] Zulehner, Paul M. / Denz, Hermann / Talós, Emmerich / Pelinka, Anton: Solidarität. Option für die Modernisierungsverlierer, Innsbruck ²1997.

Menschen – dunkeln ihr Bewusstsein durch Alkohol ab, flüchten mit Hilfe von Drogen in ein chemisch erzeugtes Paradies oder werden »kriminell«. Ihre Gewalt ist aber nur die Antwort auf eine Gesellschaft, die viel verspricht und wenig hält. Wird doch Jugendlichen unentwegt gesagt: »Du hast eine Chance, also nütze sie.« Doch spätestens nach einem Jahr Arbeitslosigkeit mit unzähligen vergeblichen Bewerbungen spüren diese jungen Menschen, dass die Botschaft zynisch ganz anders heißt: »Du hast keine Chance, aber nutze sie.«[33] Die jugendliche Gewalt in Hoyerswerda, in Erfurt, in den Banlieues französischer Städte erhält von da aus eine andere Bedeutung.

Nicht wenige Zeitgenossen flüchten heute in psychosomatische Krankheiten: vielleicht die am meisten belohnte Form von Flucht. Oder sie springen selbst aus der Enge der angstbesetzten Unerträglichkeit in den »Freitod«.

Eine der Fluchtformen kann sich schließlich spirituell darstellen. Es ist die Flucht in spirituelle Praktiken und Sondergruppen. Diese versprechen Wege, wie man das gestresste Leben meistern kann. Oft muss man sich dafür nicht mehr selbst anstrengen, sondern kann die Verantwortung abgeben. Manche sind bereit, sich eine Lebensart verordnen zu lassen. Die schädlichen Symptome (wie Stress, Angst), die das Leben als letzte Gelegenheit hervorbringt, werden in religioiden Sonderwelten zurückgebaut. Da kann es vorkommen, dass ein gestresster Unternehmer, der am Rand des Burn-out lebt, drei Tage in ein Schweizer Meditationscamp zieht, dort täglich dreitausend Franken entrichtet, den Stress heruntermeditiert, um dann wieder in sein bisheriges Lebensprogramm, zu den alten Verhaltensmustern und dem damit verbundenen Stress heimzukehren.

---

33 Oltmanns, Reimar: Du hast keine Chance, aber nutze sie, Reinbek 1980.

Solche Spiritualität fügt sich nahtlos ein in den Wunsch moderner Kulturen nach Glück und Wohlbefinden. Das Leitwort dafür heißt Wellness, flankiert von Healthness. Von Amerika ausgehend[34] ist eine weltweite Wellnessbewegung entstanden, mit Organisationen, Vereinen und einem breiten Angebot an Literatur. Die Tourismusbranche hat diese Bewegung rasch entdeckt und sich mit ihr verbündet. Der Fremdenverkehr hat auf Wellnessbäder und Wellnesshotels umgestellt, wo neben Saunen auch Ayurveda, Tai Chi oder Qi Gong angeboten werden.

Spiritualität erweist sich im Kontext der Vertröstung als »funktional«. Sie dient lebenspraktischen Zwecken. Es geht vorrangig nicht um einen befremdlichen Gott, auch nicht um immer erschreckende Wahrheiten, schon gar nicht um das Besiegen des Urärgernisses »Tod«[35], sondern um sanfte Lebenshilfe. Das oberste Wahrheitskriterium solcher »Wellnessspiritualität« ist die Nützlichkeit. Solche Spiritualität wirkt wie eine Droge. Sie ist opiat. Nicht Veränderung

---

34 Vordenker der amerikanischen Wellnessbewegung ist Donald B. Ardell von der University of Central Florida. Das Europäische Wellnessmodell baut auf amerikanischen Erfahrungen auf: »Im Mittelpunkt aller Bestrebungen der EWU steht der Mensch – als Individuum wie auch als soziales Wesen. Sein Lebensgefühl und dessen Ausstrahlung auf das Umfeld hängen ab von der Summe positiver oder negativer Signale aus verschiedenen Bereichen, die in vielfältigen Wechselbeziehungen stehen. Dieses Panorama lässt sich als Sechseck, das sogenannte ›Wellness-Barometer', darstellen, das auch zum Veranschaulichen von Befindenslagen dient. – Es kommt darauf an, die individuell recht unterschiedlichen Reaktionen auf äußere Einflüsse und innere Impulse so zu fördern, dass daraus das jeweils optimale Wohlbefinden entsteht. Deshalb vermittelt die Wellness-Strategie systematisch ineinandergreifende Instrumente. Mit ihrer Hilfe können gleichzeitig gesteigert werden: körperliches Fitsein, geistige Beweglichkeit, seelische Belastbarkeit, positive Arbeitseinstellung, harmonisches Privatleben sowie Einklang mit der Umwelt.« http://www.optipage.de/ewu/html/methode.html.
35 Berger, Peter L.: Questions of Faith. A Skeptical Affirmation of Christianity, Malden 2004.

von Lebensumständen wird angestrebt, sondern inmitten der bestehenden Verhältnisse subjektive Wellness.

Das trifft nicht auf alle spirituellen Wanderer zu, denn ein Teil von ihnen ist überdurchschnittlich sozial wach. So heißt es im Bericht der Identity-Foundation: »Gelebte Spiritualität führt nicht nur zu mehr Sensitivität, sie fördert auch die Solidarität mit anderen im Alltag. So fühlen 26,1 Prozent der Befragten mit spiritueller Erfahrung eine stärkere Neigung sich zu engagieren, wenn Menschen in Not sind oder Hilfe brauchen, und 14,2 Prozent spüren eine größere Bereitschaft, Verantwortung zu übernehmen.«[36]

Diese holzschnittartige Analyse einer vertröstenden Spiritualität schält aus einem bunten Phänomen eine Variation heraus. Die heute wiederkehrende Spiritualität kann im Kontext einer Wellnesskultur nur allzu leicht zu einer Wellnessspiritualität mutieren.

Solche opiate Spiritualität, die nicht verändert, sondern vertröstet, die vom Alltag ablenkt, ohne diesen zu wandeln, unterscheidet sich von genuin christlicher Spiritualität merklich – obgleich gar nicht geleugnet werden kann, dass nicht wenige Kirchenmitglieder zu ihr neigen. Dem Unternehmer, der im Schweizer Camp seinen Stress wegmeditiert, hätte Jesus wohl gesagt: ›Nimm die 9000 Franken und hol dir eine Unternehmens- und Lebensberatung: Ändere auf diesem Weg dein Leben! Kehr um.‹ Zu spiritueller Flucht, zur Verwendung von Spiritualität als Opium gegen krankes Leben hätte er nicht geraten.

---

36 Identity Foundation, Hohenheimer Studie, Pressbericht.

Die verwandelnde Kraft der Spiritualität

> *Erneuerung, Verwandlung, Heiligung –*
> *Und die Seele stürzte herüber –, ich weiß.*
> *Aber wer macht sich neu*
> *und zerschlüge sich nicht vorher.*
>
> Rainer Maria Rilke[37]

Nicht alle praktizieren das Escape und laufen davon. Andere leisten Widerstand. Sie suchen dann nicht »*das* Weite«, sondern vielmehr »*die* Weite«. Diese Zeitgenossen – sie leben vor allem in zugespitzt säkularen Kulturen wie in Europas Großstädten – gehören zu einer kulturellen Avantgarde. Ihr Ziel ist nicht das Erträglichmachen von Lebensproblemen durch spirituelle Opiate. Statt Vertröstung geht es um Verwandlung: des einzelnen Menschen ebenso wie des Zusammenlebens der Menschen.

Im Rahmen dieser Spielart von Spiritualität geraten die von Ariane Martin aufgedeckten Dimensionen auf die »positive« Seite; sie verlieren ihre Doppeldeutigkeit. Die Reise ins Ich führt in das Geheimnis einer inneren »Welt«, die nicht eng, sondern weit ist, und wo die Anwesenheit des göttlichen Ursprungs erahnt, ja erlitten wird. Eine wichtige Rolle spielen auf der spirituellen Pilgerschaft geistliche Meister und spirituell starke Gemeinschaften, die den Einzelnen auf seinem Weg leiten und tragen, wie umgekehrt der Einzelne mit seiner spirituellen Kraft die Gemeinschaft mitformt. Solche Gemeinschaften fühlen sich oft als Vorhut einer kommenden, »neuen Welt« mit »neuen Menschen«, die sich auf dem spirituellen Weg gewandelt haben und deshalb einen neuen, zukunftsfähigen Lebenswandel führen.

---
37 Rainer Maria Rilke: Worte, die verwandeln. Briefe (1914), 85.

Deutungen

Wie lässt sich aber nun die spirituelle Dynamik in säkularen Kulturen erklären? Gerät sie von außen in die Menschen hinein? Spiegelt sie die Aporien modernen Lebens wider? Verweist sie auf eine erschöpfte Moderne? Ist sie Ausdruck narzisstischer Bedürfnisse nach Wellness, mitunter verbunden mit Machthunger und Aggression gegen gesellschaftliche Zustände? Oder quillt sie aus den letzten spirituellen Tiefen der menschlichen Person?

Sind somit, anders gefragt, die Sehnsüchte und damit die spirituellen Reisen etwas *Vorübergehendes*, was es geben wird, solange die Moderne in der Krise ist? Oder sind sie so *bleibend* wie eben das Innerste des Menschen stabil ist?

Noch wahrscheinlicher ist, dass beide Möglichkeiten zusammenspielen: Die verschüttete Sehnsucht im Innersten der Menschen kann durch Krisen in der modernen Lebenswelt freigelegt werden. Dann kann nach längerem kulturellen Gottesfasten ein neuer Gotteshunger wachsen. Wir sehen uns im Folgenden die sozialwissenschaftliche sowie die anthropologische Deutung genauer an.

Spiritualität aus erschöpfter Säkularität

»Je moderner, desto säkular(isiert)er«

Die Säkularisierungstheorie der Siebzigerjahre deutete kirchliche und religiöse Entwicklungen in Europa mit dem Axiom: »Je moderner, desto säkularisierter.«[38] Die Entwicklung religiöser und kirchlicher Indikatoren wurde als Beleg für die Theorie herangezogen: Eine »Säkularisierung von

---

38 Dux, Günter: Die Religion im Prozess der Säkularisierung, in: Österreichische Zeitschrift für Soziologie 26 (2001), 61–88.

Gesellschaft, Person und Religion«[39] schien stattzufinden, die den Einfluss der religiösen Institutionen (Kirchen, Konfessionen) auf die anderen gesellschaftlichen Institutionen (Politik, Wirtschaft und Arbeit, Bildung, Kunst und Kultur, Medien) verminderte.

Dieser Prozess ist je nach geschichtlicher Ausgangslage in den einzelnen europäischen Gesellschaften anders verlaufen und hat jeweils andere Ergebnisse gezeitigt. Das Beispiel des Verhältnisses zwischen Kirchen und Staat illustriert dies augenscheinlich. Unterschiedliche Modelle haben sich in mächtigem Ringen herauskristallisiert. Sie liegen zwischen Trennung und Kooperation. Mag auch der Grad der Entflechtung je nach Gesellschaft und Kultur unterschiedlich sein: dass es eine Entflechtung von Kirche und Staat in den modernen Gesellschaften gegeben hat, ist unbestreitbar. Modern ist eine weitgehende »Emanzipation« wichtiger gesellschaftlicher Bereiche aus einer bevormundenden Gestaltungsmacht der Kirchen. Als sensible Mischbereiche gelten die Ehe, die Schule, das (Straf)Recht.[40] Die politisch treibenden Kräfte für die Entflechtung von Kirchen und Staat waren in Europa der Liberalismus und der Sozialismus, die sich – wenngleich mit verschiedenen ideologischen Begründungen – in kulturpolitischen Belangen verbündet haben.

Zudem hat sich der Einfluss der Religion auf die Deutung und Gestaltung des privaten Lebens tiefgreifend verändert. War Religion bislang unentrinnbares »Schicksal«, so ist diese für den modernen Menschen ein Thema individueller »Wahl« geworden. Peter L. Berger sagt: Man kann heute alles wählen, nur nicht ob man wählen will. Es gibt

---

39 Zulehner, Paul M.: Säkularisierung von Gesellschaft, Person und Religion. Religion und Kirche in Österreich, Wien 1973.
40 Zulehner, Paul M.: Kirche und Austromarxismus, Wien 1967.

einen »Zwang zur Häresie«[41] im Sinn eines Wählenmüssens. Natürlich bleibt das individuelle Wählen eingebettet in familiäre und soziale Formkräfte. Hatten beispielsweise in den nachreformatorischen Staaten die jeweiligen Obrigkeiten über die Konfessionalität ihrer Untertanen bestimmt (und Dissidenten ins Jenseits oder ins Ausland ausgewiesen), so besteht heute in allen modernen Gesellschaften verbriefte Religionsfreiheit. Wie eine Fülle von religions- und kirchenbezogenen Daten belegen, machen die Menschen von diesem freiheitlichen Grundrecht ausgiebig Gebrauch. Kirchenmitglieder sind mobil geworden. Sie nähern sich an, entfernen sich, verlassen ihre Kirche, treten wieder ein. Die Formkraft der Kirchen selbst auf das, was die eigenen Mitglieder glauben, inwieweit sie sich an den Gottesdiensten beteiligen und wie sie es mit den moralischen Weisungen halten, hat sich deutlich verändert. Auch Kirchenmitglieder »wählen aus«. Der Auswahlchrist ist zum Normalfall geworden.[42] Umgekehrt orientieren sich Personen, die nicht Kirchenmitglied sind, durchaus an kirchlichen Lehren und Normen und haben die Erwartung, dass die Kirchen sich um Gott kümmern, aber auch Altenheime, Schulen oder Kindergärten unterhalten – wobei auch hier merkliche Länderunterschiede bestehen, auch in den postkommunistischen Ländern.[43]

---

41 Berger, Peter L.: Der Zwang zur Häresie, Frankfurt 1980.
42 Zulehner, Paul M.: Religion nach Wahl, Wien 1974.
43 Tomka, Miklós / Zulehner, Paul M.: Religion in den Reformländern Ost(Mittel)Europas. »Gott nach dem Kommunismus«, Ostfildern 1999. – Tomka, Miklós / Zulehner, Paul M.: Religion im soziokulturellen Kontext Ost(Mittel)Europas, Ostfildern 2003.

»Je säkular(isiert)er, desto spiritueller«

Die Deutung moderner Gesellschaftsentwicklung als Säkularisierung ist inzwischen gerade unter Religionssoziologen zweifelhaft geworden. Zwar scheint es in modernen Gesellschaften nach wie vor »säkularisierende« Kräfte und Entwicklungen zu geben. Ein Teil der Bevölkerung lebt auch säkularisiert: eben als »unbekümmerte Alltags-Pragmatiker« im Stil des »Lebens als letzter Gelegenheit«. Doch wird gerade von frühen Vertretern der Säkularisierungsannahme, wie Peter L. Berger, heute eine »desecularization« diagnostiziert.[44] Nicht jede Modernisierung, so Berger, führe zu einem Bedeutungsverlust der Religion und der Kirchen. Religionsunverträglich sei lediglich die westeuropäische Moderne und das wiederum nur in ihrer bisherigen Gestalt. Das habe historische Gründe. Hier habe sich die Moderne – emanzipatorisch: also sich »aus der Hand« der Kirche begebend – unter massivem Widerstand der christlichen Kirchen, vorab der katholischen Kirche, entwickelt. Noch 1864 hatte sich der damalige Papst Pius IX. gegen die liberalen Freiheitsrechte einschließlich der Demokratie ausgesprochen. Erst 1965 auf dem Zweiten Vatikanischen Konzil hat sich der Katholizismus zur Religionsfreiheit durchgerungen. Modern zu sein hieß somit für die liberalen Kräfte in Europa lange Zeit antiklerikal zu sein. Um eine moderne Gesellschaft zu etablieren, so die liberale Überzeugung, müsse die Macht der Kirchen gebrochen werden. Eine ähnliche Position bezog der europäische Sozialismus, vor allem in der marxistisch-leninistischen Ausprägung. Insofern Religion die Menschen in ihrem sozialen Elend ruhig stelle, müsse sie dem Menschen »entzogen« werden. Der Kampf

---

44 Berger, Peter L. u.a.: Desecularization of the World. Resurgent Religion and World Politics, Washington 1999.

gegen die Religion und mit ihr gegen die Kirchen wurde daher von kommunistischen Regimes bis aufs Blut geführt.

Anders als in (West)Europa gibt es in anderen Teilen der Welt eine durchaus religionsverträgliche Moderne.[45] Der gläubige indische Hinduist kann ohne innere Probleme zugleich ein Fachmann moderner Informationstechnologie sein. Die Gründungsväter der Vereinigten Staaten von Amerika haben ihre Vision einer modernen Gesellschaft auf dem Boden christlicher Religion entworfen. Die in Europa aus friedenspolitischen Gründen nach den Religionskriegen angestrebte Trennung von Religion und Leben in allen öffentlichen Bereichen hat in den Vereinigten Staaten nie stattgefunden.

Aber selbst im »alten Europa« mehren sich die Anzeichen, dass es in verschiedenen gesellschaftlichen Bereichen zu einer tastenden religiösen Neugierde kommt. Solche Anzeichen finden sich in der modernen Philosophie, in der eine Gottesabwesenheit thematisiert wird.[46] Auch andere Bereiche der Wissenschaft oder der modernen Kunst und Literatur[47] pflegen nicht mehr das aufgeklärte Desinteresse an Religion. Selbst moderne europäische Politik leistet sich Ethikkommissionen, in denen Religionsvertreter konsultiert werden, selbst wenn ihre Stimme in einem pragmatisch-technokratischen, ethisch utilitaristischen Klima leicht überhört wird. Eine von niemandem prognostizierte Religionsfreundlichkeit hat sich entwickelt.

---

45 Zu diesen Debatten: Gauchet, Marcel: La religion dans la Democratie. Parcours de la laicité, o.J. – McLeod, Hugh: Secularisation in Western Europe, 1848-1914, London 2000. –Davie, Grace: Europa: The Exception That Proves the Rule? in: Berger u.a., Desecularization, 65-84.
46 Gerl-Falkovitz, Hanna-Barbara: Wiederkehr der Religionen? Ermutigung aus ungewohnter Sicht, in: http://bistum-magdeburg.de/img/pzg/fastenhandreichung_gerl-falkowitz.pdf
47 Bleicher, Joan Kristin: Zurück zur Religion: Die Wiederkehr des Religiösen in der Gegenwartsliteratur, Wetzlar 1988.

Der Papst kann »Person of the year« im berühmten amerikanischen Magazin *Time* werden. Der traditionelle Kampf gegen Kirchen ist unüblich geworden, nicht zuletzt auch deshalb, weil viele Kirchenführer sich in ihrem Verhältnis zur modernen Welt verändert haben. Gegen alle Säkularisierungsannahmen sind Papstreisen zu medialen Großereignissen geworden, was jene irritiert, die nach wie vor in der Religion eine letztlich reaktionär-antimoderne Kraft vermuten.

Noch mehr als auf der institutionellen Ebene gilt die Säkularisierungsannahme auf der Ebene der Person nicht mehr als gesichert. Bei aller europäischen Entkirchlichung, bei aller Schwächung der Formkraft der Kirchen in Bezug auf Glauben und Leben, selbst der eigenen Kirchenmitglieder, scheint das Ergebnis der Entwicklung der letzten Jahrzehnte nicht selbstverständlich eine Existenz ohne Gott zu sein. Zwar gibt es Menschen, die – soweit das Forschungen zugänglich ist – ihr Leben ohne Gott und eine Kirche leben. Noch mehr, es gibt nach einer zweitausend Jahre langen Christentumsgeschichte europäische Länder, die heute eine atheisierende Kultur haben. Die Mehrheit der Bevölkerung solcher atheisierender Länder hat »vergessen, dass sie Gott vergessen« hat (so Axel Noack, evangelischer Bischof in Magdeburg, im Anschluss an den evangelischen Theologen Krötke). Gottvergessenheit ist hier zu einem kulturellen Merkmal geworden.

Nichtgläubige (in Europa[48] 20 Prozent) und Christen (34 Prozent) bilden aber lediglich die Pole eines Spektrums, das das Verhältnis zu Religion und Kirche darstellt. Zwischen diesen Polen finden sich in Europa Menschen, die

---

48 So Ergebnisse der Europäischen Wertestudien 1982, 1991, 1999. In: Zulehner/Denz: Wie Europa lebt und glaubt. – Denz, Hermann: Die europäische Seele, Wien 2002.

sich *weder gottlos verstehen noch christlich* (46 Prozent). Sie sind insofern modern, als sie die Regie über die Deutung und Gestaltung des eigenen Lebens und der Welt in ihre eigenen Hände genommen haben. Sie bewohnen also nicht ein gut eingerichtetes Glaubenshaus einer der christlichen Kirchen oder sind aus diesem ausgezogen, um nunmehr religiös unbehaust zu leben. Vielmehr schaffen sie sich eine Art religiöses Eigenheim. Nicht selten wohnen sie jahrelang auf einer Art Religionsbaustelle, bauen an, ab und um. Diese modernen Menschen sind so etwas wie dilletierende Religionsarchitekten, Religionsliebhaber. Oder ins Bild der Musik übersetzt: Religionskomponistinnen und -komponisten. Sie sind der harte Kern der Renaissance der Religion[49] im Gewand der Spiritualität.

Aber selbst das Kirchenverhältnis moderner Zeitgenossen ist heute nicht mehr nur negativ. Zwar gibt es nach wie vor (in Europa) Menschen, die keiner Kirche trauen und deren Einfluss auf das öffentliche Leben zu unterbinden versuchen. Aber es gibt offensichtlich auch »distanzierte Kirchentreue«. Sie sind nicht Kirchenmitglied, praktizieren aber eine Art »stellvertretende Kirchlichkeit«: Wie ein Arbeiter erwartet, dass die Gewerkschaften seine Interessen gut vertreten, ohne dass er Mitglied einer Gewerkschaft wird, erwarten auch Menschen, dass die Kirchen einige ihrer Interessen vertreten: ihr Interesse an Frieden, an Gerechtigkeit, an spirituellen Fragen.

---

49 »Das Neue ist nicht neu, aber als Altes ist es gut: Wer von der Wiederkehr der Religion spricht, der verkennt, dass diese nie verschwunden war. Jürgen Habermas' Rede von der postsäkularen Gesellschaft ist verdienstvoll, greift aber zu kurz.« In: Die Zeit 7 (2002), vom 7. Februar 2002, 32.

Spiritualität aus unerschöpflicher Tiefe

Das Erstarken der spirituellen Dimension lässt sich allerdings nicht nur sozialwissenschaftlich als Moment der soziokulturellen Entwicklung, sondern auch anthropologisch-theologisch deuten. Der Mensch lässt sich mit dem einen Wort *desír* (franz. Sehnsucht) verstehen.[50] Er ist »Sehnsucht« pur. Dieses *desír* hat die Eigenschaft, dass es nicht in die Grenzen von Raum und Zeit passt. Es ist letztlich »maßlos«, »unmäßig«, auf »Ewigkeit« (zeitlos) und »Unendlichkeit« (raumlos) ausgerichtet.

Zugleich aber ist dieses »desír« stets von einem »manque« (franz. Mangel, Entbehrung) begleitet. Das, was im Leben faktisch stattfindet, ist immer eine Nummer kleiner als die Sehnsucht. Wir sind immer nach mehr aus als stattfindet. Die Rechnungen bleiben immer offen.[51] Oder in eine musikalisches Bild gesetzt: Am Ende des Lebens ist jede und jeder nicht mehr als eine »unvollendete Symphonie«.

Lebenskunst heißt, mit dieser unauflösbaren Spannung von maßloser Sehnsucht und ihrer stets nur mäßigen Erfüllung leben zu lernen. Die Menschheit hat dazu im Lauf der Geschichte mehrere Lebensentwürfe entwickelt. Die meisten überlieferten Variationen sind »religiös«. Dazu kommen kontrastierend in jüngerer Zeit atheistische Versuche auf hohem theoretischen wie ethischen[52]

---

50 So u. a. Lacan, Jacques: Der Triumph der Religion, welchem vorausgeht: Der Diskurs an die Katholiken. Übersetzt von Hans-Dieter Gondek, Wien 2006.
51 Rahner, Karl: Erfahrung des Heiligen Geistes, in: Schriften 13, 1978, 226–251, hier 239–242. – Ausgeweitet in: Zulehner, Paul M.: Denn du kommst unserem Tun mit deiner Gnade zuvor. Zur Theologie der Seelsorge heute. Paul M. Zulehner im Gespräch mit Karl Rahner, erweiterte Neuauflage, Ostfildern 2002.
52 So zum Beispiel Grosser, Alfred: Die Früchte ihres Baumes. Ein atheistischer Blick auf die Christen, Göttingen 2005.

Niveau. Wir beginnen mit der zweiten Variante, der atheistischen.

Atheistisch: Lebensfeste in versöhntem Alltag

Inmitten der Geschichte des europäischen Christentums ist ein theoretischer wie praktischer Atheismus entstanden, wie ihn Kontinente mit anderen religiösen Traditionen nicht kennen. Das Zweite Vatikanische Konzil[53] deutet ihn selbstkritisch auch als Folge einer falschen Gottesrede sowie eines gottlosen Lebens von Christen. Diese haben Gott nicht in Kredit, sondern in Misskredit gebracht. Vor allem wurde der moderne Mensch von den christlichen Kirchen in unzulässiger Weise vor die Wahl »Allmacht Gottes« oder »Freiheit des Menschen« gestellt. In dieser unproduktiven Zwickmühle entschied sich die europäische Moderne für die Freiheit des Menschen und »wählte« Gott ab. Gott musste sterben, damit der Mensch Raum zum Leben fände, ein Vorgang, den Friedrich Nietzsche[54] mit angehaltenem philosophischem Atem beobachtete.[55]

Aber auch der atheistische Mensch erlebt die Maßlosigkeit seines Sehnens. Auch er leidet unter den stets offenen Rechnungen. So muss auch er, will er nicht einfach in dumpfes Genießen wegtauchen oder das Sinnlose in stoischem Heroismus bestehen, diesem Leiden an der Endlichkeit des Glücks einen Sinn abringen.

Meisterhaft hat das der französische Atheist Henri Lefebvre gemacht.[56] Auch er kennt – in das alltägliche

---

53 Gaudium et spes 19–21.
54 Nietzsche, Friedrich Wilhelm: Also sprach Zarathustra. Der hässlichste Mensch (4), 1883–1885.
55 Missionarisch wirbt für einen atheistischen Lebensentwurf Dawkins, Richard: The God Delusion, London 2006.
56 Lefebvre, Henri: Kritik des Alltagslebens, München 1955.

Leben eingestreut – jene Augenblicke, in denen wir faustisch sagen: »Verweile doch, du bist so schön!« Wir sind dann im Bild der biblischen Tradition gleichsam auf dem Berg der Verklärung und wünschen nichts mehr, als in diesen Erfahrungen zu verharren. Wir würden gern »Glückshütten« bauen und wären angesichts der Reichlichkeit des Glücks wie Petrus auf dem Berg der Verklärung großzügig und gönnten ein solches Glückshaus jedem Mitmenschen: dir eines, dem Mose eines, uns eines (Mt 17,1–9).

Lefebvre nennt solche Augenblicke »moments«, Momente, Lebensfeste: die Liebe, das Spiel, gute Arbeit, das Erkennen. Sie ragen gleichsam aus Raum und Zeit heraus und tragen so einen Hauch von Ewigkeit und Unendlichkeit in sich.

Allerdings wird es nichts mit den dauerhaften Glückshütten. Denn die Feste »scheitern«, so einfühlsam und erfahrungsschwanger Lefebvre. Der Mensch muss vom Berg der verklärten Sehnsucht wieder hinunter in den Alltag. Allerdings lebt in diesem die Erinnerung an zugefallene Momente fort.

Der Atheist kennt im Gegensatz zum religiösen Menschen keinen Gott und keinen Himmel, der das unruhige Menschenherz an seinem göttlichen Herzen, in seinem Himmel zur Ruhe bringen kann. Der Sinn der Sehnsuchtswunde besteht für den Atheisten nicht darin, dass er auf die Glückseligkeit eines Himmels hofft (an den zu glauben ihm nicht gegeben ist). Die nur in eingestreuten Momenten gestillte, aber im Alltag offene Sehnsucht hat den Sinn, sich aus Erinnerung an Lebensfeste nach neuen Momenten des Glücks auszustrecken.

Das hat für das Menschenleben große Bedeutung. Denn es erhält den Menschen in seiner vergänglichen Lebenszeit lebendig und dynamisch. Er wünscht sich nämlich neuerliche Feste in seinem überschaubar kurzen Leben. Und weil solche Feste dem Menschen in einem beschädigten Alltag nicht zufallen, sondern lediglich in einem versöhnten, ist es am Menschen, nicht Feste zu machen, sondern für einen versöhnten Alltag zu sorgen, in dem Feste aufkommen können. Folgt man Ernest Hemingway, ist das möglicherweise in einem langen Leben nur selten der Fall: Denn »nur dreimal im Leben wackelt die Erde«, so lässt Hemingway die weise alte Mutter einer Zigeunerin dem jungen, liebesunerfahrenen Soldaten sagen, der ihre Tochter liebt.[57]

Theologisch: Gottessehnsucht

Das Christentum versteht die Spannung von maßlosem *desír* und stets nur mäßiger Erfüllung im Rahmen seines grandiosen Entwurfes von Welt und Geschichte. Es stellt in die Mitte seiner Gottesweisheit, seiner »Theologie« und »Theosophie« das gläubige Wissen um einen Gott, der in sich lauterer Liebesreichtum ist (und als solcher nicht nur der eine, sondern der »dreifaltige« ist: welch kryptische Redeweise!). Dieser Gott, der »die Liebe« ist[58], behält seine Liebe nicht für sich. Er schickt sich an - so wieder unsere unbeholfene bildliche Redeweise -, seine Liebe, also sich selbst, an jemand zu verschenken, der er selbst nicht ist. Indem er sich verströmt, schafft er den Adressaten, den Empfänger seiner Liebe gleichsam in einem einzigen

---

57 Hemingway, Ernest: For Whom the Bell tolls (Wem die Stunde schlägt), London 1941.
58 Das ist die Grundaussage der Bibel über Gott. Benedikt XVI. erinnert an diese Mitte des christlichen Gottesbildes bereits im Titel seiner Antrittsenzyklika »Deus caritas est« (Rom 2006). – Zulehner, Paul M.: Liebe und Gerechtigkeit. Zur Antrittsenzyklika von Benedikt XVI., Wien 2006.

Vorgang des »Sich-selbst-Mitteilens«[59] mit. Schöpfung ereignet sich nicht nur – schultheologisch gesprochen – »aus dem Nichts«, sondern »ex amore«, aus Liebe:

Du liebst alles, was ist, und verabscheust nichts von allem, was du gemacht hast; denn hättest du etwas gehasst, so hättest du es nicht geschaffen. Wie könnte etwas ohne deinen Willen Bestand haben, oder wie könnte etwas erhalten bleiben, das nicht von dir ins Dasein gerufen wäre? Du schonst alles, weil es dein Eigentum ist, Herr, du Freund des Lebens. (Weish 11,24–26)

Die Schöpfung, also die Welt und darin die Menschen, müssen aber folglich so »beschaffen« sein, dass sie in der Lage sind, den sich liebend verströmenden Gott aufzunehmen. Für religiöse Weltentwürfe liegt hier der Grund, warum es im Menschen eine maßlose Sehnsucht gibt. Sie ist auf Gott ausgerichtet, den Maßlosen. Letztlich erinnert sie den Menschen daran, dass seine Bestimmung darin besteht, Gott selbst, der die Liebe ist, aufzunehmen, um – gottvoll geworden – selbst ein Liebender zu werden. Vorhersehbar kann diese auf Gott gerichtete Sehnsucht durch nichts auf dieser endlichen Welt erfüllt werden. Daher kommt für einen religiösen Menschen das »Leiden« am *manque*, am Mangel und seiner Endlichkeit, nicht überraschend, sondern ist geradezu vorhersehbar: Es ist für ihn gleichsam Gottes charmante[60] Art, sich bei uns Gottvergessenen in Erinnerung zu halten.

---

59 Rahner, Karl: Grundkurs des Glaubens. Einführung in den Begriff des Christentums, Freiburg 1976.
60 Charmant wird hier gewählt wegen seiner Wortnähe zum griechischen Wort *charis*, Gnade.

Der Sehnsucht des »maßlosen« Gottes nach der Schöpfung und darin nach dem Menschen entspricht daher mit innerer theologischer Logik die maßlose Sehnsucht der Schöpfung und des Menschen nach Gott. Die Frommen der jüdisch-christlichen Tradition haben das in ihren alten Gebeten zum Ausdruck gebracht. So singt David im Psalm 63, als er in der Wüste Juda war – Wüste ist ein spirituelles Ursymbol für den Menschen auf seinem Lebensweg auf dieser Erde:

Gott, du mein Gott, dich suche ich,
meine Seele dürstet nach dir.
Nach dir schmachtet mein Leib
wie dürres, lechzendes Land ohne Wasser.
Darum halte ich Ausschau nach dir im Heiligtum,
um deine Macht und Herrlichkeit zu sehen.
Denn deine Huld ist besser als das Leben;
darum preisen dich meine Lippen.
Ich will dich rühmen mein Leben lang,
in deinem Namen die Hände erheben.
Wie an Fett und Mark wird satt meine Seele,
mit jubelnden Lippen soll mein Mund dich preisen.
Ich denke an dich auf nächtlichem Lager
und sinne über dich nach, wenn ich wache.
Ja, du wurdest meine Hilfe;
jubeln kann ich im Schatten deiner Flügel.
Meine Seele hängt an dir,
deine rechte Hand hält mich fest. (Ps 63,1–9)

So »erklärt« die jüdisch-christliche Tradition in ihrer Schöpfungstheologie, warum die Sehnsucht nach dem Glück den Menschen ausmacht: wobei es in dieser Weltzeit lediglich Spuren des Glücks gibt; sie sind Ahnungen von einem jetzt unvorstellbaren, unerhörten Glück, das noch aussteht. Seine wirkliche Glückserfüllung aber kann der Mensch erst nach diesem Leben auf der Erde in Gott finden, in dessen Himmel, in dem der Gerettete – wie die alte Schultheologie stark formulierte – »beatitudine perfrui«, ewige Seligkeit verkosten, auskosten werde (wie schwach die verfügbaren Wörter sind!).

Die drei Seligen aus dem Bamberger Dom

Empathische Spiritualitätskritik

Spiritualität interessiert also nicht wenige Zeitgenossen und noch mehr weibliche Zeitgenossinnen, junge mehr als die älteren. Angesichts der spirituellen Dynamik säkularer Kulturen zeigen sich Kirchenleute und Theologen überrascht und ratlos. Wenn sie über die zeitgenössische Spiritualität ein theologisches Urteil abgeben, dann bekommt diese mehrheitlich keine guten Noten. Im Gegenteil: Es findet eine seltsam anmutende Verteufelung statt. Systematische Theologen beider christlichen Konfessionen in Westeuropa verdichten ihre Kritik in der Formel »Religion ohne Gott«. Kirchenleute, wie einzelne »Sektenbeauftrage«, haben sich einer solchen Verteufelung angeschlossen.

Verteufelung

Der Hauptvorwurf mancher Theologen angesichts der »neuen Spiritualität« ist, dass die Menschen nicht den lebendigen Gott, sondern gottlos-religiös letztlich sich selbst suchen: »Auch bei vielen Spielarten postmoderner Religiosität handelt es sich um Religion ohne Gott.«[61] Es herrsche heute eine »diffuse Atmosphäre einer Religion ohne Gott und der mit ihr verbundenen Apathie«[62]. Nicht wenige seien lediglich »gottlos religionsfroh«[63]. Auch das Christentum sei zu einem »Bestandteil bürgerlicher Spiritualitäts-

---

61 Körtner, Ulrich: Wiederkehr der Religion? Das Christentum zwischen neuer Spiritualität und Gottvergessenheit, Gütersloh 2006, 51.
62 Zechmeister, Martha: Ankündigung zu einer fundamentaltheologischen Vorlesung mit dem Titel »Die Gottesfrage angesichts der Religionskritik und des modernen religiösen Pluralismus« an der Katholisch-Theologischen Fakultät Passau im WS 2001/2002.
63 Gottlos religionsfroh. Johann Baptist Metz und die christliche Selbstabschaffung, Süddeutsche Zeitung 65 (2006), 18./19. März 2006, 15.

romantik« geworden.[64] Die christliche Theologie ihrerseits sei in Gefahr, eine »postmoderne Religion der psychologisch-ästhetischen Seelenverzauberung« zu vertreten, wodurch sie zu einem Teil der gegenwärtigen Gotteskrise werde:

»Diese Gotteskrise ist nicht leicht zu diagnostizieren, weil sie heute sowohl innerhalb wie außerhalb des Christentums in eine religionsfreundliche Atmosphäre getaucht ist. Wir leben in einer Art religionsförmiger Gotteskrise. Das Stichwort lautet: Religion, ja – Gott, nein, wobei dieses Nein wiederum nicht kategorisch gemeint ist im Sinne der großen Atheismen. Es gibt keine großen Atheismen mehr. In der Zeit der Gotteskrise ist der Atheismus selbst banal geworden. Der Transzendenzstreit scheint ausgestanden, das Jenseits endgültig ausgeglüht. Und so kann der Atheismus von heute schon wieder Gott – zerstreut oder gelassen – im Munde führen, ohne ihn wirklich zu meinen: als freischwebende Metapher beim Partygespräch oder auf der Couch des Psychoanalytikers, im ästhetischen Diskurs, als Codewort zur Legitimierung ziviler Rechtsgemeinschaften usw. Religion als Name für den Traum vom leidfreien Glück, als mythische Seelenverzauberung, als psychologisch-ästhetische Unschuldsvermutung für den Menschen: ja. Aber Gott, der Gott Abrahams, Isaaks und Jakobs, der Gott Jesu? Wie modernitätsverträglich ist eigentlich die Rede vom biblischen Gott? Wie hat sie alle Privatisierungen und Funktionalisierungen in der Moderne überstanden? Wie die Verwandlung von Metaphysik in Psychologie und Ästhetik? Wie sich eingepasst in den gönnerischen Pluralismus unserer liberalen Gesellschaften und in den Sog ihrer extremen Individualisierungen? Was

---

64 Copray, Norbert: Rezension zu Johann Baptist Metz/Johann Reikerstorfer (Hg.): Memoria passionis. Ein provozierendes Gedächtnis in pluralistischer Gesellschaft, Freiburg 2006, in: Publik-Forum 8 (2006).

ist geschehen? Ist die intelligible und kommunikative, die verheißungsvolle Macht des Wortes Gott endgültig geschwunden? Wohin ist Gott?«[65]

Solch einer verwerfenden Deutung der spirituellen Dynamik als »Religion ohne Gott« durch christliche Theologinnen und Theologen kommt entgegen, dass einzelne »religoide« Gruppen sich heute selbst so definieren. So berichtet der Journalist Andrian Kreye über die »Church of Scientology«:

»Als L. Ron Hubbard 1954 die Church of Scientology gründete, schloss er mit einer Religion ohne Gott und Glauben eine spirituelle Marktlücke, die sich gerade erst geöffnet hatte. Die angestammten Weltreligionen des Westens galten als bourgeoise Anachronismen. Vielen wurde das säkulare Hier und Jetzt allerdings schon bald zu eng und sie versuchten die spirituelle Leere mit den Religionen und Praktiken fremder Völker zu füllen. Doch für die meisten Westler blieben die fernöstlichen Glaubensrichtungen abstrakte Exotika.

Scientology war die perfekte Verbindung aus säkularem Pragmatismus und spiritueller Führung eine Generation, die längst zu skeptisch war, um sich einem theistischen Glauben hinzugeben. Doch wer den Halt verloren hatte, dem lieferte Scientology strenge Strukturen, die auf den ersten Blick vertraut wirkten. Wer sich dem Regiment der so genannten Purification und Clearings unterwarf, der konnte sich, so das Versprechen, mit Fleiß und Engagement in einer Hierarchie der Läuterungsstufen hocharbeiten. Das schien vertraut, weil es an protestantische Diszipin erinnerte und schaffte Halt, weil man sich einem System unterwerfen konnte, das für

---

65 Metz, Johann Baptist, in Zusammenarbeit mit Johann Reikerstorfer: Memoria passionis. Ein provozierendes Gedächtnis in pluralistischer Gesellschaft, Freiburg ²2006. Hier: Gotteskrise als Signatur der Zeit, 70f.

jede Frage eine Antwort lieferte. So liefen im amerikanischen Fernsehen jahrelang Werbespots, die das Hubbardbuch ›Dianetics‹ als ›Betriebsanleitung für den menschlichen Geist‹ anpriesen. Das ist ein Heilsversprechen, das im Moment der Schwäche und Verzweiflung pragmatische Lösungen für alle Probleme im Hier und Jetzt und ohne den Unsicherheitsfaktor eines unberechenbaren Gottes anzubieten scheint.«[66]

Nun hat europäische Religionskritik im Zusammenspiel mit den modernen Wissenschaften vom Menschen überzeugend aufgedeckt, dass Religion für politische wie individuelle Bedürfnisse missbraucht werden kann. Die Rede von Gott verkommt manchmal zu einer projektiven Rede vom Menschen und zu einer Legitimation von Macht und Interessen. Aus theologischer Perspektive kann zudem über die nicht sinnenhaft zugängliche Wirklichkeit Gottes nur in annähernden Bildern geredet werden. Die christliche Tradition entwickelte für solche annähernde Gottesrede die Methode der »Analogie« und – noch weiter getrieben – die Methode der »negativen Theologie«. Aber auch diese entgeht im Modus der Negation (indem sie sagt, wie und wer Gott nicht ist) nicht projektiven Anteilen und innerweltlicher Vernützlichung.

Daher warnt der mittelalterliche Mystiker Meister Eckhart vor Bildern von Gott:

»Daher soll deine Seele allen Geistes bar sein, soll geistlos dastehen. Denn liebst du Gott, wie er Gott, wie er Geist, wie er Person und wie er Bild ist, – das alles muss weg. ›Wie denn aber soll ich ihn lieben?‹ – Du sollst ihn lieben, wie er ist ein

---

66 Kreye, Andrian: Glaube ohne Gott. Ein Besuch im Celebrity Center der Church of Scientology in Hollywood, www.andriankreye.com/Celebrity-Centre.html

Nicht-Gott, ein Nicht-Geist, eine Nicht-Person, ein Nicht-Bild, mehr noch: wie ein lauteres, reines, klares Eines ist, abgesondert von aller Zweiheit. Und in diesem Einen sollen wir ewig versinken vom Etwas zum Nichts. Dazu verhelfe uns Gott.«

Er liegt damit auf der Linie jüdischer Tradition, die freilich vor allem die Götterkultbilder meinte: »Du sollst dir kein Gottesbild machen und keine Darstellung von irgendetwas am Himmel droben, auf der Erde unten oder im Wasser unter der Erde.« (Ex 20,4)

Schon allein deshalb bedarf es der ständigen religionskritischen Reinigung des Gottesbildes und jener Konsequenzen, die mit diesem für das Alltagsleben wie für die Politik in Verbindung gebracht werden. Der Verdacht von Tilmann Moser[67] aus seinem bemerkenswerten Hörspiel »Kain und Abel« ist zeitlos aktuell: »Und Gott sprach – nein, es war nur der Priester.« Noch mehr: Welcher Mensch ist schon davor gefeit, sich »aus einem unpassenden Gott einen uns passenden Gott zu machen«[68] – also einen, der nicht mehr richtet und aufrichtet, sondern einen, mit dem wir es uns richten; einen Gott, von dem Dostojewskij irritiert fragt: »Warum bist du gekommen, uns zu stören?«[69]

Diese Frage ist so alt wie die religiöse Tradition selbst. Vor allem in der jüdisch-christlichen Glaubensgeschichte spielte sie immer eine wichtige Rolle. Es war die Rolle der Propheten in Israel, wie der Prophet Amos die Gottesdienste anzuprangern, welche die Priester im Tempel feierten, während gleichzeitig die Armen ausgebeutet wurden:

---

67 Moser, Tilmann: Gottesvergiftung, Frankfurt 1976. – Ders.: Von der Gottesvergiftung zu einem erträglichen Gott: psychoanalytische Überlegungen zur Religion, Stuttgart 2003.
68 Diese Aussage ist Johann B. Metz nachempfunden.
69 Dostojewskij, Fjodor M.: Der Großinquisitor: eine Phantasie, übersetzt von H. Röhl, Stuttgart 2006.

So spricht der Herr:
Wegen der drei Verbrechen, die Israel beging,
wegen der vier nehme ich es nicht zurück:
Weil sie den Unschuldigen für Geld verkaufen
und den Armen für ein Paar Sandalen,
weil sie die Kleinen in den Staub treten
und das Recht der Schwachen beugen.
Sohn und Vater gehen zum selben Mädchen,
um meinen heiligen Namen zu entweihen.
Sie strecken sich auf gepfändeten Kleidern aus
neben jedem Altar,
von Bußgeldern kaufen sie Wein
und trinken ihn im Haus ihres Gottes. (Am 2,6−8)

Ähnlich der Prophet Jesaja, der ein Fasten kritisierte, das synchron mit der Unterjochung abgehalten wurde:

Seht, an euren Fasttagen macht ihr Geschäfte und treibt alle eure Arbeiter zur Arbeit an. Obwohl ihr fastet, gibt es Streit und Zank und ihr schlagt zu mit roher Gewalt... Nein, das ist ein Fasten wie ich es liebe: die Fesseln des Unrechts zu lösen, die Stricke des Jochs zu entfernen, die Versklavten freizulassen, jedes Joch zu zerbrechen, an die Hungrigen dein Brot auszuteilen, die obdachlosen Armen ins Haus aufzunehmen, wenn du einen Nackten siehst, ihn zu bekleiden und dich deinen Verwandten nicht zu entziehen. Dann wird dein Licht hervorbrechen wie die Morgenröte, und deine Wunden werden schnell vernarben. (Jes 58,3b.4.6.7−8)

Aber trifft eine solche prophetische Religionskritik in ihrer verwerfenden Schärfe wirklich auf die spirituell aufbrechenden Menschen im ehedem christentümlichen Europa zu? Kann die spirituelle Dynamik säkularer Kulturen wirklich auf den Nenner einer »Religion ohne Gott« gebracht werden? Und wenn schon: Trifft ein solcher Vorwurf letztlich nicht auch jene, die sich sonntäglich im Gottesdienst einer Kirche versammeln? Was weiß man denn schon von dem Innersten solcher Kirchgänger? Immerhin werben christliche Gemeinschaften mit dem Slogan »Go to church and You'll feel better!« Von den konkreten Kirchgängern wissen unsere religionskritischen systematischen Theologen möglicherweise nicht mehr als von den ihnen letztlich unbekannten »spirituellen Pilgern« in säkularen Kulturen! Welcher der Autoren, die einfachhin die Spiritualität vieler Zeitgenossen als »Religion ohne Gott« brandmarken, kennt persönlich ein neues spirituel-les Netzwerk, hat durch respektvolle Teilnahme an Lehrabenden, Heilungsgottesdiensten und spirituellen Festen gelernt, hat intensive Gespräche mit einzelnen Menschen geführt? Das ändert nicht an der grundsätzlichen Möglichkeit einer »Religion ohne Gott«. Aber zur Verteufelung der spirituellen Dynamik einer ganzen Kultur reicht das wahrlich nicht aus, will sich solche Theologie nicht den Vorwurf arroganter Überheblichkeit zuziehen.

Und wenn schon ein systematischer Theologe sich noch nicht die Mühe gemacht hat, spirituelle Netzwerke aufzusuchen, an deren Leben teilzunehmen, mitzumeditieren, Heilungsrituale zu erleben, zu versuchen, Lehren einfühlsam zu verstehen: Er könnte dann wenigstens zur Kenntnis nehmen, dass auf die Frage, ob sie an Gott glauben, in den USA 92 Prozent, in Europa 62 Prozent zustimmen. 61 Prozent der Menschen in Europa beten in unterschiedlicher Intensität, lediglich 32 Prozent nie.[70] Das ist insofern bemer-

---

70 Europäische Wertestudie 1999/2000. – Dabei sind die Werte nach Ländern sehr verschieden. Ganz hoch sind diese in Rumänien (94 Prozent beten) und Malta (92 Prozent), ganz niedrig in Tschechien (37 Prozent).

kenswert, als gerade für die christliche Theologie das Beten als Urausdruck des wahren Gottesverhältnisses gilt.[71]

Fragt man die Menschen nach dem Bild, das sie von Gott haben, zeigt sich eine Neigung zur »Entpersonalisierung«. Das gibt den Kritikern neuerer Spiritualität teilweise recht, auch wenn unbestritten bleibt, dass manche eher die falschen Bilder von einem persönlichen Gott ablehnen denn die damit gemeinte Wahrheit. So sah 2000 das in Österreich erhobene Gottesbild der Bevölkerung aus: »37 Prozent der Menschen in Österreich glauben an einen persönlichen Gott, 48 Prozent an ein höheres Wesen. 8 Prozent können als Agnostiker gelten, 7 Prozent als Gottesleugner.«[72]

Kurzum: Die spirituelle Suchdynamik inmitten säkularer Kultur verdient seriöse und nicht vorurteilsbehaftete Spiritualitätskritik. Das Problem ist nicht, ob Kritik zu üben ist, sondern wie. Um also die spirituell bewegten Personen und Gruppen theologisch und pastoral beurteilen zu können, braucht es bedeutend mehr liebevolle Empathie, als die Szene christlicher Theologen (die Pastoraltheologie ausgenommen) heute aufzubringen die Kraft hat. Nur eine empathische Spiritualitätskritik, die durchaus kantig prophetisch sein kann, wird den spirituell ernsthaft suchenden ZeitgenossInnen gerecht.

Achtsames Wahrnehmen

Solche Empathie, solches Einfühlen setzt nicht nur Respekt vor dem Fremdartigen, dem Anderen voraus. Vielmehr gilt

---

71 Metz, Johann B./Reikerstorfer, Johann/Werbick, Jürgen: Gottesrede. Religion – Geschichte – Gesellschaft, Münster ²2001.
72 Zulehner u.a.: Religion im Leben der Menschen 1970–2000, Ostfildern 2001, 48.

es, die einmalige biografische *Wahrheit* des Anderen zu erkennen, um ihr dann theologisch gerecht zu werden.

Die Kunst des einfühlsamen Wahrnehmens folgt einem wohl bedachten Weg, geht einen »οδός«, braucht eine reflektierte Methode. Der erste Schritt: Unabdingbar ist für einen Theologen, dass er seinen Schreibtisch verlässt. Sehr bewährt hat sich in der pastoraltheologischen Forschung, die sich auf genaues Wahrnehmen verlegt, teilnehmende Beobachtung, wie sie sich in der ethnographischen Forschung seit langem als wissenschaftliche Methodologie bewährt hat.

Um also neue spirituelle Bewegungen und ihre einmaligen Menschen kennenzulernen, braucht es den Mut von Theologen, spirituell Suchende, ihre Gruppen und Zentren aufzusuchen und an deren Leben wenigstens ausschnittweise teilzunehmen: an ihren Zusammenkünften, Lehrabenden, Heilungsritualen, Festen.

Sodann sind qualitative Tiefeninterviews unabdingbar. Es ist zu wenig, abstrakte Vermutungen über spirituelle Phänomene zu formulieren, um diese intellektuellen Konstrukte anschließend zu verurteilen.[73]

Ich treffe spirituelle Menschen, die sich keiner christlichen Kirche zugehörig fühlen. Diese klagen darüber,

---

73 Dieses Vorgehen entspricht im Übrigen der Praxis des früheren Heiligen Offiziums, der obersten Glaubenshüterinstanz der Katholischen Kirche. Vielfach wurden Sätze formuliert, mit denen man die Position von Abweichlern zu fassen meinte und verurteilte diese dann. Das hat den Vorteil, dass man nicht tiefer nachfragen muss, die Denkkontexte außer Acht lassen kann und das immer mühsame Annähern an das, was ein Anderer wirklich meint, unterbleiben kann. Es hat freilich auch den Vorteil, dass sich der Verurteilte letztlich nicht betroffen fühlen muss und spätere Theologengenerationen die Möglichkeit haben, einen Abweichler zu rehabilitieren, indem sie nachweisen, dass dieser das Verurteilte so gar nicht vertreten hat. Die christologische Formel, die unter Kardinal König über Pro Oriente mit den Armeniern ausgehandelt worden ist, konnte auf diese Weise erarbeitet werden.

wie unverstanden sie sich durch das verteufelnde Urteil christlicher Theologen oder kirchlicher Sektenbeauftragter fühlen. Dabei leugnen sie gar nicht, dass ihre Spiritualität durchaus Schattenseiten haben kann, manchmal narzisstisch deformiert ist, eher Wohlbefinden als Selbstlosigkeit sucht – wie übrigens die der Kirchgänger auch –, aber dass sie »religionsfroh gottlos« seien: in einem solchen Urteil finden sich die meisten nicht wieder. Wollte jemand, der diese Urteile öffentlich fällt, dann den »Dialog« (der ja dann keiner ist) mit solchen Menschen suchen, wird er sich schwer tun.

Kurzum: Die zeitgenössische spirituelle Suche verdient bei den christlichen Theologen genauere Wahrnehmung und Wertschätzung als sie derzeit bekommt.

Der Weg

Mit diesem pastoraltheologisch gut begründeten Wunsch ist keineswegs gesagt, dass es keine Spiritualitätskritik braucht. Im Gegenteil: Um der Suchenden willen ist dieser prophetische Dienst notwendig. Allerdings ist er den Standards modernen Umgangs miteinander entsprechend so zu gestalten, dass er von den Betroffenen auch angenommen werden kann. Es muss sich also um eine Spiritualitätskritik handeln, die (um Max Frisch zu zitieren) dem anderen nicht wie ein nasser Fetzen um die Ohren geschlagen, sondern wie ein wärmender Mantel hingehalten wird, um diesen anzuprobieren.

Eine empathische Spiritualitätskritik wird sich entlang einiger einfacher Fragen entfalten, die mit dem spirituell Suchenden gemeinsam gestellt werden und deren Antwort allein der Suchende selbst geben kann.

Das sind nun sieben Fragen einer empathischen Spiritualitätskritik:
1. Welche Sehnsucht bewegt dich? Woher kommt deine Sehnsucht? Aus des Herzens Tiefe? Aus einem konkreten Leiden? Was ist das Ziel deiner Sehnsucht? Kurzum: Was suchst du, was oder wer bewegt dich?
2. Welchen spirituellen Weg hast du eingeschlagen? Mit welcher Gruppe gehst du? Woran orientierst du dich auf deinem Weg?
3. Wenn du dich selbst ehrlich prüfst – führt dich der eingeschlagene Weg zur Erfüllung deiner Sehnsucht? Kommst du auf dem Weg deiner Sehnsucht wenigstens ein Stück voran?

Einen solchen Weg zu gehen, zumal mit einem Menschen, den man schätzt und der einem traut, ist für einen selbst riskant. Nahe liegt, dass die Andere, der Andere anfängt, Gegenfragen zu stellen:
4. Und welche Sehnsucht treibt dich selbst spirituell?
5. Welche Qualitäten hat die Gemeinschaft, mit der du spirituell unterwegs bist?
6. Hat denn dein Weg deine Sehnsucht stillen können? Bist du bei Gott angekommen?
7. Und schließlich die zentrale Frage nach der inneren Strahlkraft unseres Weges und seiner Repräsentation durch uns: Welche Qualitäten bietet er, dass man sich von ihm eingeladen fühlen sollte? Und wenn ich ein christlicher Gesprächspartner bin, kann die Frage lauten: Was ist christlich an deinem spirituellen Weg? Was ist ähnlich allen spirituellen Wegen (wie die Sehnsucht selbst), was ist aber auch anderes, einmalig, unverwechselbar?

Ein solcher Dialog eröffnet die Frage nach der spirituellen Kraft christlicher Kirchen.

Kirchen als gute Adresse für spirituelle Pilger

Spirituell erschöpfte Kirchen

»Die Sehnsucht boomt, aber die Kirchen schrumpfen.«[74] So überschrieb der österreichische Journalist Günther Nenning ein Kapitel seines zeitgenössischen Buches über Religion. Er versteht die Szene nicht: Da entwickelt sich der spirituelle Markt optimal – und zugleich schreibt einer der ältesten und erfahrenen spirituellen »Anbieter« rote Zahlen.

»Wir sind doch, wenn wir ehrlich sind, in einem schrecklichen Maße eine spirituell unlebendige Kirche. Die lebendige Spiritualität, die es natürlich auch heute noch gibt, hat sich doch in einer seltsamen Weise aus der Öffentlichkeit der Kirche in (soziologisch gesehen) kleine Konventikel der ›noch Frommen‹ zurückgezogen und versteckt.

In der Öffentlichkeit der Kirche herrschen in einem erschreckenden Maße auch heute noch (bei allem guten Willen, der nicht bestritten werden soll) Ritualismus, Legalismus, Administration und ein sich allmählich selber langweilig werdendes und resignierendes Weiterfahren auf den üblichen Geleisen einer spirituellen Mittelmäßigkeit.«[75]

Diese Kritik von Karl Rahner, 1972 im Zuge der Vorbereitung der Würzburger Synode geäußert, trifft immer noch

---

[74] Nenning, Günther: Gott ist verrückt. Die Zukunft der Religion, Düsseldorf 1997.
[75] Rahner, Karl: Strukturwandel der Kirche als Aufgabe und Chance, Freiburg 1972, 88.

auf Teile der christlichen Kirchen in unseren Breiten zu. Der Ratsvorsitzende der Evangelischen Kirche Deutschlands (EKD), Wolfgang Huber, formuliert noch stärker. Er beklagt eine Art »Selbstsäkularisierung« der evangelischen Kirche in Deutschland.[76]

Solche selbstkritischen Beobachtungen sollten ein Wiedergewinnen der spirituellen Urkraft der christlichen Kirchen begünstigen. Die Schätze sind ja vorhanden. Tatsächlich aber werden sie von spirituellen Pilgern außerhalb der sichtbaren Kirchengrenzen mehr geschätzt als intern. In den ernsthaften spirituellen Gruppierungen werden etwa die Texte von Meister Eckhart, Teresa von Ávila, Jakob Böhme, Johannes Tauler und Johannes vom Kreuz intensiver rezipiert als in christlichen Gemeinden. Nicht wenige Menschen, nicht nur Benedikt XVI., klagen auch über die spirituelle Leere von Gottesdiensten.

---

76 Huber, Wolfgang: Kirche in der Zeitenwende, Gütersloh 1999. – Ähnlich auch im Impulspapier des Rates der EKD »Kirche der Freiheit. Perspektiven für die Evangelische Kirche im 21. Jahrhundert«, Berlin 2006.

»Respiritualisierung« des kirchlichen Lebens

Eine dringlich erforderliche »Respiritualisierung« des kirchlichen Lebens sollte sich um drei Aspekte drehen: um spirituelle Orte und Gemeinschaften, um spirituelle Personen und um spirituelle Vorgänge.

Diese drei Aspekte lassen sich in eine Art »Checkliste« umformen. Kirchliche Gruppen, Netzwerke, Gemeinden können ihre spirituelle Kraft mit deren Hilfe selbst evaluieren bzw. an den drei Stichworten entlang entwickeln.

Spirituelle Orte

> *Meine Erkenntnis des Tages*
> *kann ich erst morgen formulieren.*
> *Denn eigentlich ist sie unsagbar.*
> *Ich habe Gott getroffen!*
> Hape Kerkeling[77]

Der deutsche Komiker Hape Kerkeling gehört zu den Pilgern des Jakobswegs. Ziel dieses Pilgerwegs ist Santiago de Compostela, die Kathedrale, in der nach alter Überlieferung der Apostel Jakobus begraben sein soll. Geraume Zeit nach seinem Pilgerabenteuer schreibt Kerkeling seine Erfahrungen nieder. Das Buch wurde ein Bestseller. Im Grund ist es nicht nur ein Reisebericht, sondern auch ein Buch mit spirituellen Erfahrungen. Kerkeling versucht als durchaus skeptischer[78] Zeitgenosse, jedem Tag seiner

---

[77] Kerkeling, Hape: Ich bin dann mal weg. Meine Reise auf dem Jakobsweg, München ^{23}2006, 238.
[78] Der Zugang zum Glauben über die Skepsis ist heute eine Art Normalfall geworden. Auch: Berger, Peter L.: Questions of Faith. A Skeptical Affirmation of Christianity, Malden 2004.

bewegt-bewegenden Pilgerreise eine kleine spirituelle Erfahrung abzugewinnen. Hier wenige Kostproben, die eine gewissen Ähnlichkeit mit Ratschlägen alter spiritueller Meister haben:

- Obwohl ich den Gipfel durch den Nebel nicht sehen kann, ist er doch da! (32)
- Es ist die Leere, die vollends glücklich macht. (317)
- Meine Erkenntnis des Tages kann ich erst morgen formulieren. Denn eigentlich ist sie unsagbar. Ich habe Gott getroffen! (238)
- Mir selbst habe ich mich lang genug zugewendet. Jetzt sind die anderen an der Reihe! (293)

Immer mehr Menschen gehen den Jakobsweg. Und auch an vielen anderen Orten werden spirituelle Wege eingerichtet.[79] Für viele sind solche Pilgerfahrten eine Mischung aus sportlichem Abenteuer und spiritueller Selbstbesinnung. Sie gehen, damit es ihnen danach besser geht. Sie gehen auf Fahrt, um erfahren zu werden.

Manche, wie Kerkeling, gehen weite Strecken des Pilgerwegs allein. Er machte seine eigene »spirituelle Reise«. Andere gehen von Anfang an in kleinen Gruppen. Vor allem für jüngere Menschen sind solche spirituellen Fahrten mit ihren Erfahrungen reizvoll.

Wege kennen ein Ziel. So stehen spirituelle Wege zumeist in Verbindung mit einem spirituellen Ort. Manchmal ist es ein Kloster, dann ein Bildungshaus, für viele Jugendgruppen die Gemeinschaft von Taizé oder manchmal auch ein christlicher Ashram in Indien, seltener eine

---

79 So in der steirischen Stadt Weiz (http://www.pfingstvision.at/) oder auch den Europaweg »Via nova« von Metten (Niederbayern) nach St. Wolfgang (Österreich) (http://www.pilgerweg-vianova.eu). Die Tourismusbranche hat den Begriff »spiritueller Tourismus« aufgegriffen: ein Hinweis auf wachsende Nachfrage.

durchschnittliche Pfarrgemeinde. Es gibt Diözesen[80], die im Zuge der finanziell aufgezwungenen Raumordnung für jeden größeren Raum ein spirituelles Zentrum eingerichtet haben. Gerade im städtischen Bereich entwickeln Kirchengemeinden, die eine ausgeprägte spirituelle Stärke haben, beachtliche Anziehungskraft. Orte, Klöster, Häuser, Zentren, Wege und (Weg-)Gemeinschaften begünstigen also die spirituelle Dynamik.

Spirituelle Personen

In allen Religionen spielen spirituelle Meister eine Rolle. Im asiatischen Bereich heißen sie Gurus[81]. Deren Ziel ist es nicht, Menschen spirituell abhängig zu machen, sondern ihren Schülern – gestützt auf die eigene Erfahrung – Orientierung für deren eigenen spirituellen Weg zu geben. Das Ziel ist, dass Schüler eines Tages, erfahren geworden, selbst Meister werden.

Das Christentum kennt einen Urmeister: Jesus selbst. Er schärfte seinen Jüngern ein, sich selbst nicht Rabbi oder Meister zu nennen, auch nicht Vater:

Darauf wandte sich Jesus an das Volk und an seine Jünger und sagte: Die Schriftgelehrten und die Pharisäer haben sich auf den Stuhl des Mose gesetzt.

---

80 So die Diözese Linz (Österreich): http://www.dioezese-linz.at/redaktion/index.php?page_new=1330.
81 Das Wort Guru kommt aus dem Sanskrit und bedeutet so viel wie schwer, gewichtig. Im Hinduismus werden die spirituellen Lehrer so betitelt. Ein Schüler braucht einen Lehrer bei seiner Suche nach Wissen und nach dem Weg zur Erlösung. Im Tibetischen wird für spirituelle Lehrer der Titel Lama (deutsch: hoch) vergeben.

Tut und befolgt also alles, was sie euch sagen, aber richtet euch nicht nach dem, was sie tun; denn sie reden nur, tun selbst aber nicht, was sie sagen.

Sie schnüren schwere Lasten zusammen und legen sie den Menschen auf die Schultern, wollen selber aber keinen Finger rühren, um die Lasten zu tragen.

Alles, was sie tun, tun sie nur, damit die Menschen es sehen: Sie machen ihre Gebetsriemen breit und die Quasten an ihren Gewändern lang, bei jedem Festmahl möchten sie den Ehrenplatz und in der Synagoge die vordersten Sitze haben, und auf den Straßen und Plätzen lassen sie sich gern grüßen und von den Leuten Rabbi (Meister) nennen.

Ihr aber sollt euch nicht Rabbi nennen lassen; denn nur einer ist euer Meister, ihr alle aber seid Brüder. Auch sollt ihr niemand auf Erden euren Vater nennen; denn nur einer ist euer Vater, der im Himmel. Auch sollt ihr euch nicht Lehrer nennen lassen; denn nur einer ist euer Lehrer, Christus. Der Größte von euch soll euer Diener sein. (Mt 23,2–11)

Nennt sich dann aber ein Christ, eine Christin, »Meisterin«, »Lehrer«, dann nur, um den Urmeister und seine Person, seine Lebensart und seine Lehren gegenwärtig zu halten.

Karl Rahner vermisste 1972, dass es keine christlichen Gurus gibt: »Wo gibt es denn noch die ›geistlichen Väter‹, die christlichen ›Gurus‹, die das Charisma einer Einweisung in die Meditation, ja in eine Mystik haben, in der das Letzte des Menschen, seine Vereinigung mit Gott, in einem heiligen Mut angenommen wird?«[82]

Trotz der Klage Karl Rahners über die gegenwärtigen christlichen Kirchen: Das Christentum hat im Lauf seiner 2000-jährigen Geschichte »geistliche Väter« und auch

---

82 Rahner, Karl: Strukturwandel der Kirche als Aufgabe und Chance, Freiburg 1972, 91.

»geistliche Mütter« in großer Zahl hervorgebracht, nicht als Ersatz für den Urmeister, sondern als dessen Präsentation. Die orthodoxe Kirche kennt die Starzen[83] (die Alten). Die Gründerinnen und Gründer von Ordensgemeinschaften hatten meist diese Qualität. Ignatius und in der Folge der Jesuitenorden ist darauf spezialisiert, für die geistlichen Übungen »Exerzitienmeister«[84] bereit zu halten.

Echte Meister und Meisterinnen behalten auch dann noch ihre spirituelle Bedeutung, wenn sie schon gestorben sind. Teresa von Ávila, Meister Eckhart, Edith Stein, Teresa von Kalkutta oder in der protestantischen Tradition Jakob Böhme und Roger Schutz – um nur einige herausragende Personen aus der spirituellen Geschichte der christlichen Kirchen zu nennen. Es sind meistens Personen, denen eine starke mystische Kompetenz eigen war .

Auch unsere Zeit kennt solche Meister: Henri Nouwen[85] etwa, aber auch der Benediktiner Anselm Grün aus dem Kloster in Münsterschwarzach. Dieser ist als katholischer Mönch – ebenso wie der Schweizer Autor Pierre Stutz – auch auf evangelischen Kirchentagen oft und gern nachgefragt: so wie viele zu Dorothee Sölle gepilgert sind.

Eine gute Zeit für die Begegnung mit Meistern ist die Nacht. Nikodemus suchte Jesus zur Nachtzeit auf, nicht nur aus Angst vor seinen Kollegen, sondern weil die Nacht eine Zeit der Stille und der Besinnlichkeit ist. In Anlehnung an diese biblische Erfahrung feiern heute

---

83 Smolitsch, Igor: Leben und Lehre der Starzen. Die spirituellen Meister der russisch-orthodoxen Kirche, Freiburg 2004.
84 Die Umbenennung in »Exerzitienbegleiter« mag gute Gründe haben, bleibt aber letztlich fragwürdig. Gesucht sind Meister, nicht Begleiter.
85 Feldmann, Christian: Henri Nouwen. Glaube heißt Sehnsucht, Freiburg 2006.

spirituell sensible Christinnen und Christen die »Nacht des Meisters«[86].

Aus dem Raum der großen Ökumene zwischen den Weltreligionen genießen in Deutschland neben dem Dalai Lama der buddhistische Mönch Thich Nhat Hanh und die inzwischen schon verstorbene buddhistische Nonne Ayya Khema meisterliches Ansehen, deren buddhistische Klöster sich eines beachtlichen Zustroms von spirituell Interessierten erfreuen: ein gewichtiger Grund für die christlichen Kirchen, sich den spirituellen und ethischen Herausforderungen des Buddhismus zu stellen. Auch die mystische Tradition des Islam (Sufismus[87]) genießt bei manchen spirituell Suchenden zunehmend Beachtung.[88]

Es ist nicht leicht, ein spiritueller Meister zu sein. Vielleicht ist es aber auch nicht einfach, unter den Bedingungen moderner Selbstbestimmung bei einem Meister Schüler zu

---

86 In einer solchen »Nacht des Meisters« kreisen viele Vorgänge um diskrete Begegnungen mit Jesus von Nazaret, und das mit allen Sinnen: in Texten, Salbungen, in Stille oder mit Musik.
87 »Sufismus ist die Mystik des Islams. Der Sufi will den Koran nicht nur äußerlich verstehen und sein Leben nach ihm richten, sondern dessen ›innere‹ Seite entdecken und dadurch die Hingabe (= Islam) an Gott vollständig erfüllen. Das heißt, dem Sufi genügen das Erfüllen der islamischen Pflichten (Die fünf Säulen des Islams) und das Halten des Gesetzes (Schari'a) nicht. Er sucht das unmittelbare Erleben Gottes, das ihn in die Einheit mit Gott führt. Der Prophet Mohammed war stets das Vorbild und wurde als der erste »Sufi« betrachtet, der ein gänzlich von Gott durchdrungenes Leben führte. Sufismus ist eine unüberschaubar mannigfaltige Bewegung. In der mehr als 1000-jährigen Geschichte haben sich unzählige Orden und Bruderschaften gebildet, die alle ihre eigenen Methoden entwickelt haben.
Herkunft des Wortes: Sufismus leitet sich höchstwahrscheinlich von dem arabischen Wort ›suf‹ (Wolle) ab. ›suf‹ wurde das weiße Wollkleid genannt, das die ersten Mystiker als Zeichen der Demut trugen. Eine andere Möglichkeit ist auch die Herleitung von arab. ›safu‹ (Reinheit), da die Sufis die spirituelle Reinheit erstreben.« http://www.relinfo.ch/sufismus/info.html.
88 Schimmel, Annemarie: Eine Einführung in die islamische Mystik, München ²2003.

werden. Noch einmal Karl Rahner, 1972: »Wo sind die Menschen, die den Mut haben, Schüler solcher geistlichen Väter zu sein? Ist es denn eigentlich selbstverständlich, dass es ein solches Meister-Schüler-Verhältnis nur noch säkularisiert in der Tiefenpsychologie gibt?«[89]

Begünstigt wird somit spirituelle Dynamik durch Personen, die für eine spirituell durchformte Existenz stehen: Gottesfrauen und Gottesmänner also. Es sind Menschen, die auf einem langen Weg gelernt haben, im Ge-»heim«-nis Gottes »da-heim« zu sein. Das formt ihr alltägliches Fühlen, Denken und Reden. Als Erfahrene können Sie mit anderen kompetent spirituelle Wege gehen.

Spirituelle Vorgänge

Bei diesem dritten Stichwort geht es im Rahmen dieses Buches nicht um die Darstellung zentraler Vorgänge christlicher Spiritualität wie Sakramente, Gebet, Exerzitien, Liturgien, sondern um einen ansatzhaften Dialog zwischen der Sehnsucht spiritueller Pilgerinnen und Pilger mit den Erfahrungen christlicher Kirchen. Im Zuge dieser Darlegungen greife ich auf die von Ariane Martin herausgearbeiteten »Dimensionen zeitgenössischer Spiritualität« zurück.[90] Eine grundsätzliche theologische Reflexion ist diesem Teil vorangestellt.

Eine solche Selbstbesinnung der christlichen Kirche arbeitet nach den Regeln einer empathischen Spiritualitätskritik, welche die Sehnsucht der »Suchenden« achtet und wertschätzend wahrnimmt. Noch mehr: Womit sollen denn auch die christlichen Erfahrungen zu tun haben, wenn nicht mit den ganz konkreten Menschen und ihren

---

89 Rahner: Strukturwandel, 91.
90 Martin: Sehnsucht – der Anfang von allem.

Sehnsüchten? Man mag den spirituellen Wegen, Gruppen und Netzwerken durchaus skeptisch gegenüberstehen: Diese Skepsis aber auf den konkreten Menschen und seine Sehnsucht auszudehnen, ist nicht nur pastoral kurzsichtig, sondern auch theologisch unzulässig. Die folgenden Überlegungen sind gezeichnet von Respekt und Achtung vor den konkreten Menschen auf ihren spirituellen Reisen, ob diese mit uns Christen ziehen oder nicht.

Suchen und sich finden lassen

In den Analysen war bisher von einer »spirituellen Suche« die Rede, die von einer tiefen Sehnsucht moderner Menschen ausgelöst wird und getragen ist. Solches Suchen kann gläubig besehen zweierlei bedeuten:

Nahe liegt, was von vielen Theologen kritisiert wird, dass der suchende Mensch *für sich selbst* eine Beruhigung seiner Sehnsucht anstrebt und dafür vieles unternimmt. Der Suchende ist aktiv, hält Ausschau nach spirituellen Wegen und Gruppen und hofft, auf diesem Weg ans Ziel seiner Sehnsucht zu gelangen. Heilung, Gemeinschaft, bei sich selbst sein, Festigkeit, der Anbruch einer neuen Welt und einer neuen Menschheit können solche Ziele sein. Typisch für diese Art des Suchens ist, dass der Mensch selbst die Beruhigung der Sehnsucht herbeiführen, »machen« will.

Christliche Mystiker, aber auch erfahrene Menschen aus dem spirituellen Feld, misstrauen einem solchen Konzept. Sie haben den Verdacht, dass es bei einer solchen Gestaltung des Suchens der Mensch ist, der sich münchhausenartig selbst heilen will. Eine Art frommer *Selbsterlösung* werde angestrebt. Meister Eckhart warnt vor einer solchen Art des Suchens:

*»Wann könnte meine Seele das erlangen,
was sich nur über meiner Seele suchen lässt,
wenn sie nicht über sich selbst hinausströmte?
Denn bliebe sie in sich selbst,
sähe sie nichts anderes als sich selbst,
und wenn sie sich sähe, sähe sie Gott nicht.«*[91]

Letztlich bliebe der Mensch, der selbst die Stillung seiner Sehnsucht herbeiführen will, unerlöst im eigenen Lebenskreis verhaftet, seine unerfüllte Sehnsucht inbegriffen. Gott fände er nicht und damit auch nicht das Ziel seiner tiefen Sehnsucht. Die Weisen des Volkes Israel warnen daher skeptisch: »Vielleicht suchen sie Gott und wollen ihn finden, gehen aber dabei in die Irre« (Weish 13,6).

Meister Eckhart, der spirituell weise Prior von Erfurt, geht einen Schritt weiter. Damit der Mensch auf seiner spirituellen Sehnsuchtsreise nicht bei sich selbst verhaftet bleibt, rät er – obgleich er den Sehnsuchtslosen ein Sehnen nach der Sehnsucht wünscht –, selbst von der eigenen Sehnsucht leer zu werden:

*»Lass es dir gesagt sein:
leer sein alles Erschaffenen,
heißt Gottes voll sein,
und erfüllt sein von dem Erschaffenen,
heißt Gottes leer sein.«*[92]

Was sich hinsichtlich der Ambivalenz der Sehnsucht und des Suchens aneinander reibt, ist letztlich das theologisch

---

91 Meister Eckhart: Expositio Sancti Evangelii secundum Johannem, in: Die lateinischen Werke III, hg. und übersetzt von Josef Koch u.a., Stuttgart 1936.
92 Meister Eckhart: Von der Stille. Eine Auswahl, Freiburg o.J., 30.

nicht aufklärbare Verhältnis zwischen dem Tun des Menschen vor Gott und dem Tun Gottes am Menschen. Manche versuchen diese Ambivalenz auf eine Seite hin aufzulösen:
* Das eine wäre das Konzept der *Selbsterlösung*. Nicht wenige Theologen werfen eine solche der zeitgenössischen spirituellen Dynamik insgesamt vor.
* Der Kontrast dazu wäre, dass der Mensch alles Gott überlässt und selbst gar nichts macht. Der Mensch stellt sich spirituell letztlich – seine Verantwortung aufgebend – ruhig, was lateinisch »quietus« heißt und im Lauf der Kirchengeschichte als *Quietismus* auch Schule machte.

Der spirituelle Meister Ignatius von Loyola riet angesichts der letztlich unlösbaren Spannung zwischen Gnade und Freiheit dazu, alles so zu tun, als ob Gott nichts tun würde und alles allein vom Menschen abhängt, zugleich aber so auf Gott zu vertrauen, als ob alles allein von seinem Wirken abhänge.

So sehr nun eine spirituelle Sehnsucht Gefahr läuft, zur Selbsterlösung zu verführen: Es ist theologisch genauso möglich, der einmal aufgebrochenen Sehnsucht eine andere Bedeutung zu geben. Des Menschen Sehnsucht wäre dann nämlich nicht der Anfang seiner spirituellen Suche nach Gott, sondern bereits Widerspiegelung der Sehnsucht Gottes nach dem Menschen. Sie kann ebenso ein Anhaltspunkt dafür sein, dass der dem Menschen mit seiner Gnade stets zuvorkommende Gott[93] schon »angekommen« ist und sich diskret im Modus der Sehnsucht bemerkbar macht. Es wäre dann vor allem das Leiden an der ständigen Unerfüllt-

---

[93] Rahner, Karl: Die Notwendigkeit einer neuen Mystagogie; in: Handbuch für Pastoraltheologie II, Freiburg 1966; 269–271. – Zulehner, Paul M.: Denn du kommst unserem Tun mit deiner Gnade zuvor. Zu einer Theologie der Seelsorge heute. Paul M. Zulehner im Gespräch mit Karl Rahner, erweiterte Auflage, Ostfildern 2002.

heit der stets maßlosen menschlichen Sehnsucht, in dem sich Gott in charmanter Weise bei uns Gottvergessenen in Erinnerung hält. Sehnsucht und Suchen erlebt und erleidet also, wer in seinem Seelengrund erlebt, dass Gott ihn sucht. Teresa von Ávila beschreibt dies erfahrungsgestützt so:

»Beginnen wir nun davon zu sprechen, wie sich der Bräutigam zur Seele verhält und wie er, noch bevor er es ganz für sie wird, in ihr mit so einfühlsamen Mitteln eine innige Sehnsucht nach sich weckt, dass nicht einmal die Seele selbst diese versteht ... Es sind nämlich so zarte, feine Antriebe, die im tiefsten Innern der Seele aufbrechen, dass ich keinen Vergleich finde, der dafür passte.«[94]

Das Verhältnis zwischen Gott und den Menschen, und damit das Verhältnis von Gnade und Freiheit, erweist sich somit als ein unentflechtbares Wechselspiel. Dafür steht auch eine reiche biblisch verbürgte Erfahrung. Das Suchen des Menschen geht mit einem Sichfindenlassen durch Gott einher:

---

94 Teresa von Ávila: Wohnungen, 228. – Die Herausgeber vermerken in einer Fußnote, dass sich dieses mystische Wissen um die gottgeweckte Sehnsucht in den Schriften Teresas wie ein roter Faden durchzieht: »Das vielfältige Wirken Gottes verstärkt die Sehnsucht des Glaubenden in seinem ganzen Wesen, um dann in der tiefsten Gotteinigung zu gipfeln: ›Der Bräutigam schaut nicht auf die heißen Wünsche, ... da er möchte, dass sie sich die Verlobung noch sehnlicher wünsche‹ (6M 1,1); ›er weckt eine innige Sehnsucht nach sich‹ (6M 2,1); ›sie vergeht geradezu vor Sehnsucht‹ (6M 2,4); der Herr ›erregt eine köstliche Sehnsucht, dass die Seele sich seiner erfreue‹ (6M 2,8); ›Alles dient dazu, um sich noch mehr nach dem Genuss am Bräutigam zu sehnen‹ (6M 4,1); ›riesengroße Sehnsucht, sich ganz für Gott einzusetzen‹ (6M 4,15). Sie spricht ›von Wünschen, die ... beständig da sind‹ (6M 6,5), ›um ihn zu sehen‹ (6M 6,6), ›sich ganz seinem Dienst hinzugeben‹ (6M 8,4; 7M 2,9; 3,6); sie spricht von ›starken und ungestümen Sehnsüchten, ihn zu genießen‹ (6M 11 tit), von ›einer großen Sehnsucht zu leiden‹ (7M 3,4).« AaO., Fußnote 2.

In ihrer Not bekehrten sie sich zum Herrn, dem Gott Israels, und da sie ihn suchten, ließ er sich von ihnen finden. (2 Chr 15,4; auch 1 Chr 28,9)
  Sie sollten Gott suchen, ob sie ihn ertasten und finden könnten; denn keinem von uns ist er fern. (Apg 17,27)

Das Urgefundensein des Menschen durch Gott ereignet sich allerdings schon in der Erschaffung des Menschen. Insofern die Schöpfung Ausdruck der Sehnsucht Gottes nach dem Menschen, seiner »Lust am Menschen« ist, gibt es in der Tiefe des menschlichen Herzens als »Antwort« darauf die Sehnsucht des Menschen nach Gott, eine Art »Lust an Gott«.[95] Das Bezogensein des Menschen auf Gott und zuvor Gottes Bezogensein auf den Menschen bestimmt das Bild vom Menschen in allen großen Religionen der Welt.

Mit diesem verlässlichen Wissen um die Ambivalenz menschlicher Sehnsucht können wir uns einzelnen Dimensionen spiritueller Sehnsucht von modernen Zeitgenossen zuwenden. Dabei soll herausgearbeitet werden, wie spirituelle Schätze der christlichen Tradition für diese Pilger und Wanderer eine gute geistliche Nahrung sein können. Das Heben dieser Schätze würde auch die christlichen Kirchen zu einer guten Adresse für spirituelle Pilgerinnen und Pilger machen.

Reise zu sich selbst

> *Du musst nicht über die Meere reisen,*
> *musst keine Wolken durchstoßen*
> *und must nicht die Alpen überqueren.*
> *Der Weg, der dir gezeigt wird, ist nicht weit.*

---
95 Weimer, Ludwig: Die Lust an Gott und seiner Sache, Freiburg 1981.

Du musst deinem Gott nur
bis zu dir selbst entgegengehen.

Bernhard von Clairvaux

Immer mehr Zeitgenossen spüren, dass moderne Lebensart sie an die Peripherie ihres Lebensrades schleudert. Sie gehen ihrer Mitte verlustig. Eine Entfremdung von sich selbst stellt sich ein. Daraus erwächst die Sehnsucht, diese Entfremdung zu überwinden. Eine Reise zu sich selbst wird angetreten: in die Tiefen des eigenen Lebenshauses, in die Breite der eigenen Lebensgeschichte. Soll diese Reise in die eigenen Tiefen und Breiten spirituell sein, dann dringt sie in jenes unauslotbare Geheimnis ein, das des Menschen Leben im Grunde ist.

»Kein Gefäß kann zweierlei Trank aufnehmen«, so Meister Eckhart. »Soll es Wein enthalten, muss man notgedrungen das Wasser ausgießen; das Gefäß muss leer sein. Willst du göttliche Freude und Gott aufnehmen, musst du notwendig die Kreaturen ›ausgießen‹ ... Alles, was aufnehmen und empfänglich sein soll, das soll und muss leer sein.«[96]

Still und leer werden ist ein wichtiges Moment auf der Reise zu sich selbst. Modernes Leben ist laut. Die leise Musik Gottes ist schwer zu hören. Papst Benedikt XVI. klagt zurecht:

»Es gibt eine Schwerhörigkeit Gott gegenüber, an der wir gerade in dieser Zeit leiden. Wir können ihn einfach nicht mehr hören – zu viele andere Frequenzen haben wir im Ohr.
Was über ihn gesagt wird, erscheint vorwissenschaftlich, nicht mehr in unsere Zeit passend. Mit der Schwerhörigkeit oder gar Taubheit Gott gegenüber verliert sich natürlich auch unsere Fähigkeit, mit ihm und zu ihm zu sprechen. So aber

---
96 Meister Eckhart: Das Buch der göttlichen Tröstung, 17.

fehlt uns eine entscheidende Wahrnehmung. Unsere inneren Sinne drohen abzusterben.

Mit diesem Verlust an Wahrnehmung wird aber der Radius unserer Beziehung zur Wirklichkeit drastisch und gefährlich eingeschränkt. Der Raum unseres Lebens wird in bedrohlicher Weise reduziert.«[97]

Auf dem Weg zu Leere und Stille werden heute spirituelle Erfahrungen aus dem Schatz der asiatischen Weltreligionen aufgegriffen. Immer mehr, auch junge Menschen meditieren.

Wo aber kommt ein Mensch an, wenn er sich spirituell zu sich selbst vorwagt? Ist es innere Leere, das eigene Elend, Versagen, Schuld? Oder kommt es zu einer Erfahrung von Würde, Größe, Gottnähe, ja einem Einwohnen Gottes in der Seele: einer Art »Gottesgeburt«, wie Meister Eckhart[98] sie nennt?

»Gottes Natur ist es,
dass er sich einer jeglichen guten Seele gibt,
und der Seele Natur ist es,
dass sie Gott aufnimmt;
und dies kann man in bezug auf das Edelste sagen,
das die Seele aufzuweisen vermag.
Und darum ruht der Vater nimmer;
er jagt (vielmehr) und treibt allzeit dazu,
dass sein Sohn in mir geboren werde.
Gott ... ist aus dem Grunde Mensch geworden,
dass er dich als seinen eingeborenen Sohn gebäre
und nicht geringer.«

---

97 Benedikt XVI.: Ansprache in München 2006.
98 So z.B. Meister Eckhart: Predigt 57, in: Deutsche Predigten, 415ff.

Christliche Mystik verkennt die Schattenseiten des Ichs nicht. Vielmehr rät sie zu einer unverstellten Selbsterkenntnis, die aufdeckt, ob der eingeschlagene Weg der richtige ist. Teresa ist in dieser Frage realistisch und modern, wenn sie schreibt:

»Denn mögen sie auch tief in die Welt verstrickt sein, so haben sie doch immerhin Verlangen nach dem Guten und empfehlen sich manchmal, wenn auch nur dann und wann, unserem Herrn und sinnen darüber nach, wer sie sind, wenn auch nicht so bedächtig. Das eine oder andere Mal im Monat sprechen sie auch ihre Gebete, erfüllt von tausend Geschäften und gedanklich fast nur damit beschäftigt, weil sie ihnen so verhaftet sind, denn wo ihr Schatz ist, dorthin zieht es auch ihr Herz (Mt 6,21; Lk 14,24); allerdings nehmen sie sich manchmal vor, sich davon zu entledigen; und die Selbsterkenntnis ist ja schon etwas, ebenso die Einsicht, nicht auf dem rechten Weg zu sein, um das Tor zu erreichen. Endlich treten sie dann in die ersten Räume der unteren Wohnungen ein ... Sie tun schon viel, dass sie hineingegangen sind.«[99]

Teresa von Ávila ist also sicher, eins mit der christlichen Tradition, dass der Mensch in sich auf ein Geheimnis treffen kann. Dazu kleidet die Mystikerin in ihrer spirituellen Architektur den Menschen in das Bild von der »Inneren Burg« mit sieben Wohnungen, in die jemand auf seiner ureigenen spirituellen Reise nach und nach einzutreten von Gott gewährt wird. Für die Darlegungen ihrer eigenen mystischen Erfahrungen nimmt sie zum Ausgangspunkt:

---

99 Teresa von Ávila: Wohnungen der Inneren Burg. Vollständige Neuübertragung, herausgegeben, übersetzt und eingeleitet von Ulrich Dobhan und Elisabeth Peeters, Freiburg 2005, 85f.

»unsere Seele als eine gänzlich aus einem einzigen Diamanten oder sehr klaren Kristall bestehende Burg zu betrachten, in der es viele Gemächer gibt, so wie es im Himmel viele Wohnungen gibt (Joh 14,2) ... so ist die Seele des Gerechten nichts anderes als ein Paradies, in dem er, wie er selbst sagt, seine Freude erlebt (Spr 8,31) ... Und in der innersten Mitte von all diesen Wohnungen liegt die vornehmste, in der die höchst geheimnisvollen Dinge zwischen Gott und der Seele vor sich gehen.«[100]

In der christlichen Theologie wird dieser Weg in das eigene Lebensgeheimnis unter dem Stichwort *Mystagogie* bedacht. Mystagogie war in der frühen Christenheit Sakramentenkatechese. Karl Rahner jedoch hat diesen Begriff neu gefüllt: Für ihn ist es nunmehr das »Einführen des Menschen in jenes Geheimnis, welches er im Grund selbst ist«.[101] Dabei verweist das Wort Geheimnis auf das göttliche Geheimnis. Menschliches Leben ist die Geschichte eines »unbeirrbar treuen« (Dtn 32,4) Gottes, nicht nur mit seinem erwählten Volk, und damit mit der ganzen Menschheit im Allgemeinen, sondern in dieser mit jeder und jedem Einzelnen.

Gott aufzuspüren im eigenen Lebenshaus, in der eigenen Lebensgeschichte: Darum geht es im Vorgang der Mystagogie. Das Konzept betont, was auch neueren spirituellen

---

100 Ebd., 78, 80.
101 Zur Rezeption des mystagogischen Konzepts von Karl Rahner in der Kirchenpraxis und deren pastoraltheologischen Reflexion: Zulehner, Paul M./Fischer, Josef/Huber, Max: Sie werden mein Volk sein. Grundkurs gemeindlichen Glaubens, Düsseldorf 1985. – Knobloch, Stefan: Mystagogische Seelsorge. Eine lebensgeschichtlich orientierte Pastoral, Mainz 1991. – Haslinger, Herbert: Sich selbst entdecken – Gott erfahren – für eine mystagogische Praxis kirchlicher Jugendarbeit, Mainz 1991. – Option für eine mystagogische Sakramentenpastoral. Orientierungsrahmen für die Sakramentenpastoral im Bistum Hildesheim; hg. vom Bischöflichen Generalvikariat Hildesheim, Hauptabteilung Pastoral – Fachbereich Verkündigung, Hildesheim 2003.

Gruppen wichtig ist, dass Spiritualität nicht geliehen werden kann, sondern vom Einzelnen selbst erlebt, »erfahren« werden muss.

Gott ist für eine solche christliche Auffassung vom Menschen diesem nicht nur fremd und fern, sondern gerade in seiner Befremdlichkeit zuinnerst nahe. Dieses Verständnis findet sich auch im Islam. So heißt es in der 50. Sure des Koran (16): »Wahrlich, Wir erschufen den Menschen, und Wir wissen alles, was sein Fleisch ihm zuflüstert; denn Wir sind ihm näher als die Halsader.«

Spirituelle Reisen in die »Innere Burg« des Menschen lassen sich (mit Rahner in der Nachfolge des heiligen Ignatius) mystisch nennen. »Der Christ der Zukunft wird ein Mystiker sein, also einer, der etwas erfahren hat, oder er wird nicht sein.«[102] Ist dann jemand als spirituell Erfahrener in der Lage, andere auf solchen Wegen zu begleiten, beginnt die mystagogische Meisterschaft.[103]

Christlich gestaltete Meditation führt nicht nur in die Tiefen des eigenen Ichs und dadurch in ein namenloses Geheimnis. Noch einmal Teresa von Ávila:

»Meditation nenne ich ein ausführlichen Nachsinnen mit dem Verstand, und zwar so: Wir fangen an, über die Gnade nachzudenken, die uns Gott erwiesen hat, indem er uns seinen einzigen Sohn schenkt, bleiben aber nicht dabei stehen, sondern gehen weiter zu den Geheimnissen seines ganzen glorreichen Lebens.«[104]

---

102 Rahner, Karl, Zur Theologie und Spiritualität der Pfarrseelsorge. Schriften zur Theologie 14, Einsiedeln 1980, 148–165, hier: 161.
103 So setzt sich das aus dem Griechischen abgeleitete Wort zusammen: *agein* heißt hinführen, im Wortstamm »Myst-« steckt *mysterion*, das Geheimnis.
104 Teresa: Wohnungen, 286.

Meditation hat eine Variation in der Kontemplation. Die gottgefüllte Leere erhält das Antlitz Christi, in dem Gott sinnenhaft unter uns weilte. Meditation weitet sich dann von der Selbsterfahrung hin zur Gotteserfahrung, von der Selbstliebe zur Gottesliebe.

Wo Meditation zur Kontemplation reift, öffnet sich der Raum für das Gebet. Dabei sind Gebet und Meditation keineswegs dasselbe. Dazu der Religionssoziologe Peter L. Berger:

»Eine einfache Unterscheidung, heute, da so viel so genannte ›Spiritualität‹ im Umlauf ist, wäre besonders wichtig: Gebet ist nicht Meditation. In den meisten ihrer Formen ist Meditation eine Bewegung nach innen. Das Individuum konzentriert seine Aufmerksamkeit in sich, es »zentriert« sich bei dem Versuch, eine heilsbringende Wahrheit in den Tiefen des eigenen Bewusstseins zu entdecken. Ich bin hier nicht an der Frage interessiert, ob in derartigen Tiefen denn irgendetwas anderes zu finden wäre als der zwielichtige Abfall, den die Psychoanalyse zutage zu fördern behauptet, oder ob es in der Tat überhaupt solche Tiefen in uns gibt (ich neige in beiden Fällen zur Skepsis). Doch selbst wenn man diese inneren Tiefen als wahrhaftig existent voraussetzt, bleibt immer noch die Frage, ob Gott dort zu finden ist – ich kann hier nur auf das bereits erwähnte Programm einer mystischen Theologie verweisen, die glücklicherweise außerhalb der Reichweite meiner Argumentation in diesem Buch liegt. Hier geht es ganz einfach darum, dass das Gebet etwas anderes ist: Es lenkt die Aufmerksamkeit nach außen, nicht nach innen, und es ist ein Akt des Sprechens, nicht ein Eintreten in sprachlose Wirklichkeit. Vielleicht kann man sich den Unterschied mit einem kleinen Bewusstseinsexperiment klar machen: Man stelle sich etwa den Propheten Jesaja vor, wie er seine Botschaft im

Lotussitz verkündet. Ich würde meinen, dass dieses Experiment zum Scheitern verurteilt ist. Ich würde sogar denken, dass es sehr schwierig wäre, das Vaterunser im Lotussitz zusprechen. Dies schließt natürlich nicht die Möglichkeit aus, dass ein- und derselbe Mensch zu verschiedenen Zeiten betet und meditiert, vielleicht sogar unmittelbar nacheinander, aber diese Möglichkeit – an der ich offen gesagt nicht besonders interessiert bin, muss hier nicht weiter erörtert werden.«[105]

An der Grenze zwischen Meditation und Kontemplation ist die lange Tradition des Herzens- oder Jesusgebetes[106] angesiedelt. Vor allem in der orthodoxen Spiritualität nimmt es einen wichtigen Platz ein. Jene, die es vollziehen, verwenden dazu eine Gebetsschnur, griechisch Komboskini, russisch Tschotki. Sie besteht aus 30, 33, 50 oder 100 Knoten. Die sie verwenden, zählen nicht, sondern »halten sich daran gleichsam fest«, um Konzentration und Rhythmus zu wahren. Mönchen und Nonnen in der russischen Orthodoxie wird sie bei der feierlichen Profess überreicht: Insofern die Schnur geschlossen ist, verweist sie darauf, dass das monastische Gebet nie endet.

---

105 Berger, Peter L.: Erlösender Glaube? Fragen an das Christentum, Berlin-New York 2005, 97f. Der englische Titel trifft Bergers Anliegen genauer: Questions of Faith. A Skeptical Affirmation of Christianity, Malden 2004.
106 Diese christliche Gebetsart wurzelt im frühen östlichen Mönchtum. Zunächst wurden Bibeltexte, bevorzugt Psalmverse, rezitiert, dann nur der Name *Jesus*, später erweitert auf *Herr Jesus Christus, erbarme dich meiner*. Die Mönche auf dem Berg Athos sind ein wichtiges Glied der Traditionskette des Jesusgebets. Ein Blüte erlebte es dann ab dem 16. Jahrhundert in Russland. Das Buch *Aufrichtige Erzählungen eines Pilgers, seinem geistlichen Vater mitgeteilt* wurde zum spirituellen Leitfaden weit über die orthodoxe Kirche hinaus. Jungclaussen, Emmanuel (Hg.): Aufrichtige Erzählungen eines russischen Pilgers, Freiburg 2000. Siehe auch: Leloup, Jean-Yves: Das Herzensgebet, nach Starez Séraphim vom Berge Athos, Mettlach 1999.

Heilung

Eine Gesellschaft, die – so erklären es sich viele Zeitgenossen – den Menschen krank macht[107], weckt die Sehnsucht nach Heilung. Dabei kommen die modernen Menschen in den Genuss einer Hochleistungsmedizin. Doch diese stößt, vor allem wenn sie allein positivistisch-naturwissenschaftlich entworfen ist, auf spürbare Grenzen. Durch die Psychotherapie wurden in den letzten Jahrzehnten auch diese Grenzen in den weiten seelischen Bereich hin ausgeweitet. Beachtenswerte Heilerfolge liegen vor. Und doch bleibt immer noch Ungeheiltes zurück. Offensichtlich ist der Mensch derart komplex, dass Einzelzugänge allein für ihn nicht ausreichen.

Just in solchem Umkreis hochentwickelter Medizin und Psychotherapie ist die spirituelle Sehnsucht nach geistiger Heilung im Wachsen begriffen. Vor allem wenn Menschen »austherapiert« sind (wie das auf onkologischen Abteilungen oder in Palliativstationen oftmals vorkommt), aber auch in alltäglichen Bedrängnissen, werden sie empfänglich für bislang verschüttete Quellen ganzheitlicher Heilung. Das bringt der Alternativmedizin ebenso Zulauf wie jenen Gruppen und Personen, die Heilung in einem umfassenden spirituellen Kontext verstehen: manchmal unter Ablehnung profaner medizinischer Anstrengungen und Psychotherapien, manchmal in enger Verbindung mit diesen.

In solchen spirituellen Kontexten gibt es ein Wissen darum, was Menschen letztlich krank macht, wie geistige Heilung geschehen kann und welche Rolle dabei heilende Rituale spielen.

---
[107] Schon vor Jahren schrieb der evangelische Psychotherapeut Rudolf Affemann darüber ein bemerkenswertes Taschenbuch: Krank an der Gesellschaft, Stuttgart 1973.

Vernützlichung und Moralisierung

Menschen mit wachsendem Interesse an geistiger Heilung meinen in den christlichen Kirchen in ihrer heutigen Gestalt keine Verbündeten zu finden. Und das zum Teil mit Recht, wie zeitgenössische Theologie selbstkritisch vermerkt. Denn aus Gemeinschaften der Heilung wurden im Lauf der Christentumsgeschichte Kirchen, die für Moral – wenn nicht sogar nur Moralisieren – stehen. Die josephinische Aufklärung hat dazu nachhaltig beigetragen. Joseph II. hatte alle Klöster, die sich »lediglich« der Anbetung widmeten, gesperrt und die Finanzmittel an jene Einrichtungen gegeben, die sich als staats- und volksnützlich erwiesen haben. Von einer solchen Vernützlichung hin zur Moralisierung des Christentums ist es kein langer Weg.

Nahezu in allen modernen Kontexten werden die christlichen Kirchen in Verbindung mit moralischen Positionen wahrgenommen. Das mystisch-therapeutische Moment, das in den Evangelien dominant ist und Jesus den Ehrentitel »Heiland« eingetragen hat, war lange Zeit aus der Seelsorge ausgewandert und hat sich gesellschaftlich bei den Ärzten festgemacht. Dabei hatte sich Jesus selbst als jenen Arzt bezeichnet, dessen die Kranken bedürfen (Mk 2,17). Auch Jahwe wurde in Israel zugeeignet, dass er der Arzt seines Volkes ist:

Er sagte: Wenn du auf die Stimme des Herrn, deines Gottes, hörst und tust, was in seinen Augen gut ist, wenn du seinen Geboten gehorchst und auf alle seine Gesetze achtest, werde ich dir keine der Krankheiten schicken, die ich den Ägyptern geschickt habe. Denn ich bin der Herr, dein Arzt. (Ex 15,26)

Allerdings haben die christlichen Kirchen – auf verschiedenen Ebenen, in der Theologie (Eugen Biser, Eugen Drewermann), aber auch das Lehramt (wie Benedikt XVI. in seiner Enzyklika *Deus caritas est*) – in den letzten Jahrzehnten eine Entwicklung durchgemacht, die von der Moral zur Mystik und in diesem Rahmen zu einem Wiedergewinnen der therapeutischen Kraft des Glaubens führte. Bei dieser Neubestimmung spielten systematische[108] wie praktische[109] Theologen ebenso eine wichtige Rolle wie jene Frauen und Männer, die insbesondere in der Kranken(haus)seelsorge professionell tätig sind.

Es zeichnet sich somit eine Art konvergierende Doppelbewegung ab, die möglicherweise aus den gleichen Quellen gespeist ist: Auf der einen Seite gibt es inmitten säkularer Kulturen Menschen, die eine spirituelle Sehnsucht nach Heilung haben. Auf der anderen Seite entsinnen sich die christlichen Kirchen der ursprünglichen therapeutischen Kraft des Glaubens. In der Nachfolge des Heilands sind sie dabei, in allen Bereichen des kirchlichen Lebens »Heil-Land« zu werden.[110]

---

[108] Bahnbrechend in dieser Thematik waren Eugen Drewermann und Eugen Biser. Vgl. Drewermann, Eugen: Wort des Heils - Wort der Heilung. Von der befreienden Kraft des Glaubens. Gespräche und Interviews, hg. Bernd Marz, Düsseldorf 1989 (31990). – Ders.: Ein Mensch braucht mehr als nur Moral, Düsseldorf 2001. – Ders.: Heilende Religion. Überwindung der Angst, Freiburg 2006 – Biser, Eugen: Theologie als Therapie: zur Wiedergewinnung einer verlorenen Dimension, Heidelberg 1985. – Ders.: Die glaubensgeschichtliche Wende: eine theologische Positionsbestimmung, Graz 1987. – Ders.: Die Heilkraft des Glaubens. Entwurf einer therapeutischen Theologie, in: Conc (D) 34 (1998), 534–544.

[109] Stellvertretend für die pastoralpsychologisch gestützte Praktische Theologie sei genannt Baumgartner, Isidor: Pastoralpsychologie. Einführung in die Praxis heilender Seelsorge, Düsseldorf 1990. – Ders. (Hg.): Handbuch der Pastoralpsychologie, Regensburg 1990.

[110] Dazu die auf qualitative Forschung gestützte Arbeit von Beranek, Markus: Gemeinde als Heil-Land. Erfahrungen heilsamer Gemeindepraxis im Rahmen der Studie ›Gemeinde als Heil-Land‹ und theologisch-spirituelle Perspektiven, Dissertation, Wien 2002.

Eine schöpferische Begegnung zwischen spirituell nach Heilung Suchenden und christlichen Kirchen kann eine neue Chance erhalten. Dazu braucht es einen Erfahrungsaustausch hinsichtlich zentraler Aspekte des großen Themas Heilung.

Was krank macht

Ein Gespräch darüber, *was Menschen krank macht*, legt sich nahe. Im spirituellen Feld findet sich die Erklärung, dass Menschen dann krank werden, wenn sie von den Quellen ihres Seins und ihres Lebens abgeschnitten sind. Gemeint sind die Quellen göttlicher Kraft und Energie. Das chinesische Wort für Energie heißt »chi«. Der Zuspruch, den Tai Chi, Qi Gong und Ähnliches im spirituellen Feld finden, zeugt vom Interesse, sich dieser Energie zuzuwenden.

Nun ist die Deutung von Krankheit dem Christentum nicht fremd. Die Entfremdung des Menschen von Gott, bei Augustinus beschrieben als Verkrümmung des menschlichen Herzens in sich selbst hinein[111], gilt als Ursprung von Tod und todbringendem Übel. Angesichts der unentrinnbaren Todesprognose aber, so Eugen Drewermann im Anschluss an Søren Kierkegaard, befällt den Menschen eine krankmachende, tiefsitzende Daseinsangst[112], die gerade den postreligiösen Menschen moderner Kulturen

---

111 »Incurvatio hominis in seipsum«
112 Ausführlich dazu: Drewermann, Eugen: Strukturen des Bösen, Die jahwistische Urgeschichte in psychoanalytischer Sicht, München 1977, zwei Bände. – Drewermann stützt sich auf die einschlägigen Werke von Kierkegaard, Søren: Der Begriff Angst, Hamburg 1984. – Darüber: Die Angst des modernen Menschen, Zürich 1977. – Künzli, Arnold: Die Angst des modernen Menschen. Søren Kierkegaards Angstexistenz als Spiegel der geistigen Krise unserer Zeit, Zürich 1947. – Ders.: Die Angst als abendländische Krankheit. Dargestellt am Leben und Denken Soeren Kierkegaards, Zürich 1948.

heimsucht.¹¹³ Heilung von dieser Angst ist für viele Vertreter eines therapeutisch vertieften Christentums das innerste Moment der Heilung durch Glauben. Indem der Mensch aus der Enge seines verkrümmten Herzens sich gläubig-liebend auf einem spirituellen Weg seinem Gott öffnet, wird seine Angst gezähmt und gemindert.

Für diese theologische Konzeption gibt es auch empirische Anhaltspunkte. Studien über die solidarischen Ressourcen moderner Kulturen zeigen, dass ihre Bürgerinnen und Bürger in hohem Grad solidarisch sein möchten. Dieser Wunsch erstickt aber auf dem langen Weg zur solidarischen Tat in einem Dschungel diffuser Ängste. Es ist immer Angst, die entsolidarisiert.[114] Die Ängste führen also dazu, dass Menschen das, was sie sein möchten, nicht sind, und was sie nicht tun wollen, faktisch doch tun. Diese Zerrissenheit hat auch Paulus bewegt. Im Brief an die Christen in Rom klagt er:

Denn ich begreife mein Handeln nicht: Ich tue nicht das, was ich will, sondern das, was ich hasse. Wenn ich aber das tue, was ich nicht will, erkenne ich an, dass das Gesetz gut ist. Dann aber bin nicht mehr ich es, der so handelt, sondern die in mir wohnende Sünde. Ich weiß, dass in mir, das heißt in meinem Fleisch, nichts Gutes wohnt; das Wollen ist bei mir vorhanden, aber ich vermag das Gute nicht zu verwirklichen. Denn ich tue nicht das Gute, das ich will, sondern das Böse, das ich nicht will. Wenn ich aber das tue, was ich nicht will,

---

113 Furedi, Frank: Culture of fear: risk-taking and the morality of low expectation, London 2003. – Glassner, Barry, The culture of fear: why Americans are afraid of the wrong things, New York 2003f.
114 Zulehner, Paul M./Denz, Hermann/Talós, Emmerich/Pelinka. Anton: Solidarität. Option für die Modernisierungsverlierer, Innsbruck ²1997. – Zulehner, Paul M. unter Mitarbeit von Anton Pelinka, Hermann Denz, Reinhard Zuba: Wege zu einer solidarischen Politik, Innsbruck 1999.

dann bin nicht mehr ich es, der so handelt, sondern die in mir wohnende Sünde. Ich stoße also auf das Gesetz, dass in mir das Böse vorhanden ist, obwohl ich das Gute tun will. Denn in meinem Innern freue ich mich am Gesetz Gottes, ich sehe aber ein anderes Gesetz in meinen Gliedern, das mit dem Gesetz meiner Vernunft im Streit liegt und mich gefangen hält im Gesetz der Sünde, von dem meine Glieder beherrscht werden. Ich unglücklicher Mensch! Wer wird mich aus diesem dem Tod verfallenen Leib erretten? Dank sei Gott durch Jesus Christus, unseren Herrn! Es ergibt sich also, dass ich mit meiner Vernunft dem Gesetz Gottes diene, mit dem Fleisch aber dem Gesetz der Sünde. (Röm 7,15–24)

In dieser misslichen Lage setzt nun Paulus eben nicht auf Moral, repräsentiert durch das »Gesetz«. Diese zeige dem Menschen nur wie in einem Spiegel, dass er es eben nicht schafft, im Zustand, in dem er sich befindet, das Gute zu tun. Paulus setzt dagegen auf »Gnade«. Gnade aber ist biblisch gesprochen der lebendige Gott selbst. In seiner Nähe, aus der Kraft seiner heilenden Liebe, kann der Mensch jene Angst um sich selbst verlieren, die ihn hindert, das Gute zu tun. Heilung ereignet sich also im Umkreis der Mystik, in der Begegnung mit dem liebenden und heilenden Gott. Das Eintauchen in diesen heilt und wandelt den Menschen. Nun ist er in einer so guten Verfassung, dass er das Gute auch faktisch tun kann. Genau darauf weist auch Jesus hin: *»Es gibt keinen guten Baum, der schlechte Früchte hervorbringt, noch einen schlechten Baum, der gute Früchte hervorbringt.« (Lk 6,43)*

Heilende Rituale

Um geistige Heilung zu erleben, werden im spirituellen Feld *Heilungsrituale* vollzogen. Die Begründung leuchtet anthropologisch ein. Die geistige Welt ist mit unseren körperlichen Augen nicht sichtbar. Nun aber gilt es, das eigene sinnenhafte Leben an den sinnlich unzugänglichen geistigen Ursprung zurückzubinden. Dafür eignen sich im spirituellen Raum die Rituale. Sie sind sinnliche Inszenierungen für nicht sinnenhaft sichtbare, dennoch aber für den Glaubenden real erfahrbare Vorgänge.

Rituale haben zudem die Eigenschaft, dass sie sich an der Schnittstelle zwischen dem Bewussten und dem Unbewussten abspielen. Sie haben eine Tiefenwirkung, die das argumentativ-diskursive Wort nicht erreicht. Denn Rituale sind »präsentative Symbole«[115].

Zudem liegen sie an der Schnittstelle zwischen dem Einzelnen und einer Gemeinschaft. Das bedeutet nicht, dass es nicht auch gänzlich private Rituale gibt. Doch religiöse Rituale sind zumeist in den Gemeinschaften der großen Menschheitsreligionen daheim.

Christliche Kirchen sind heute dabei, die Kraft der Rituale wieder zu entdecken. Dabei hat es die eher sinnliche Kirchenkultur der Katholiken leichter als die mehr rationale Kultur der Protestanten, die stark auf das Wort setzt. Im evangelikalen Bereich jedoch und in der charismatisch ausgerichteten Pfingstbewegung werden Heilungsrituale wertgeschätzt. Heilungsgottesdienste ziehen in den Städ-

---

[115] Zu verweisen ist auf die reichhaltige Tradition der Ritentheorie von Ernst Cassirer, Paul Ricœur, Susanne Langer. Dazu: Lorenzer, Alfred: Das Konzil der Buchhalter. Die Zerstörung der Sinnlichkeit. Eine Religionskritik, Frankfurt ⁸1992. – Als Beispiel aus einer Flut der Literatur zu diesem Thema: Herriger, Catherine: Die Kraft der Rituale. Macht und Magie unbewusster Botschaften im Alltag, München 1993.

ten tausende Menschen an. Auch hier bilden sich Brücken zwischen Menschen aus dem spirituellen Feld und den christlichen Kirchen.

Gemeinschaft

Für die Entwicklung der spirituellen Kraft der Kirchen wäre es wichtig, wenn sich diese nicht nur in den Ritualen verdichtet, sondern in allen kirchlichen Lebensvorgängen (wie Verkündigung, Predigt, Diakonie) wirkt. Die Qualität kirchlicher Gemeinschaften würde auf diese Weise gestärkt, sie wären auch für Suchende attraktiver. Denn im spirituellen Feld suchen Menschen Gemeinschaften, die aus gemeinsamen Quellen eine Alternative zum vorherrschenden Lebensstil anbieten, den sie als krankmachend oder oberflächlich erleben.

Wären christliche Gemeinschaften das, was zu sein sie berufen sind, hätten sie die Kraft, solche Alternativgemeinschaften zu sein. Denn gerade Christengemeinden sind nach ihrem eigenen Selbstbild Orte im Finale der Weltgeschichte (vgl. 1 Kor 10,11), wo eine Art »himmlisches Leben« schon jetzt auf Erden möglich ist. Die Umwandlung der Welt steht auf ihrem Programm – zumindest sollte es so sein –, und das nicht nur durch gesellschaftliches Engagement, sondern indem es eingestreut in die Menschheit Oasen einer anderen Lebensart gibt. Solch ein Lebensstil erwächst aber eben aus spirituellen Quellen: aus dem geschenkten Gottesgeist.

Christen leben in der Überzeugung, dass sie durch die Taufe in den Raum des bergenden und heilenden Gottes eingefügt sind. Das macht sie – so die Sprache der Christen – zu Kindern Gottes und damit untereinander zu Schwestern und Brüdern. »Brüderlichkeit«, in heutiger Kirchensprache

»Geschwisterlichkeit«, ist deshalb ein uraltes Markenzeichen christlicher Gemeinschaften – zumindest in deren ersten Jahrhunderten.[116] Die drei großen menschheitsalten Diskriminierungen nach Geschlecht, Rasse und Besitz sind überwunden: »Es gibt nicht mehr Juden und Griechen, nicht Sklaven und Freie, nicht Mann und Frau; denn ihr alle seid ›einer‹ in Christus Jesus.« (Gal 3,28)

Die tiefe Verwobenheit der Christen in Gott, die Kraft der ihnen »eingegossenen« göttlichen Liebe bestimmt dann den Umgang miteinander. Gleichheit an Würde, Verbindlichkeit, auf breite Beratungen gestützte Einmütigkeit in Entscheidungen, Konfliktkultur und eine am Gemeinwohl orientierte, dienende Ausübung von Autorität und Amt sind Merkmale dieses Umgangs.[117]

Ein weiteres herausragendes Merkmal solcher wahrhaft christlicher Gemeinschaften ist die Gastfreundschaft. Diese Eigenschaft trifft man in vielen Gruppen des spirituellen Feldes an. Es könnte so besehen zu gastfreundschaftlichen Begegnungen zwischen Gruppen spirituell Suchender und christlichen Gemeinschaften kommen, in Achtung und Respekt voreinander. Man würde dann nicht inquisitorisch miteinander umgehen, womöglich mit dem Ziel, die spirituelle Konkurrenz außerhalb der Kirche mit unlauteren, gar staatlich-repressiven Mitteln[118] zu schwächen. Ohne in wichtigen Fragen der Lehre und des Lebens einer Meinung sein zu müssen, wären Begegnungen möglich, durch die Gruppen aus den Kirchen und aus dem spirituellen Feld

---

116 Ratzinger, Joseph: Die christliche Brüderlichkeit, München 1960.
117 Zulehner, Paul M.: Gemeindepastoral. Kirche ereignet sich in Gemeinden, erschöpft sich aber nicht in diesen, Düsseldorf 1990.
118 Es gibt Beispiele, wo Lehrkräfte aus öffentlichen Schulen vom Dienst abgezogen wurden, weil diese einer neueren spirituellen Gruppe angehören. Dass dies bei erklärten Atheisten geschehen ist, davon ist kein Fall bekannt.

durchaus voneinander lernen könnten. Es könnte dann klar sein, dass allen gemeinsam das spirituelle Suchen oder – gläubig besehen – das Gefundenwerden durch Gott ist. Und dass das eigentliche »Gegenüber« der verschiedenen spirituellen Gruppen das »säkulare Feld« ist. Eine neue Art von »interreligiösem« Dialog mit ökumenischen Momenten wäre erstrebenswert: nicht nur zwischen den etablierten christlichen Konfessionen, zwischen den großen Weltreligionen, sondern auch mit Gruppen aus dem jungen spirituellen Feld.

Festigkeit

Martin Luther soll in Worms gesagt haben: »Hier stehe ich und kann nicht anders.« Der moderne Zeitgenosse hingegen neigt dazu zu sagen: »Hier stehe ich und ich kann jederzeit anders.« Traditionen wird nicht getraut, auch nicht Autoritäten, die sich dafür einsetzen. Normen und Rollenbilder sind in Bewegung geraten, Institutionen sind geschwächt. Selbststeuerung ist das Schlüsselwort: Jede und jeder Einzelne soll, solange es anderen nicht schadet, das sein und leben können, was er oder sie für richtig hält.

Die wissenschaftliche Theorie dazu heißt »Radikalkonstruktivismus«. Letztlich ist alles vom Menschen »erfindbar«, nicht ist mehr »vorfindbar«. Dann gilt aber auch nichts mehr als gesichert. Ist dann die Identitätsbildung nicht erschwert, ist es nicht letztlich unmöglich, eine tragfähige Identität auszubilden?

Verschärft wird die von Verunsicherung gekennzeichnete Lage einer wachsenden Zahl von Zeitgenossen, weil im Zuge der durchaus positiven europäischen Individualisierung zugleich auch die Lebensrisiken privatisiert worden. Individualisierte Freiheit, so Ulrich Beck, ist riskant geworden.[119]

Gegen solche Lebenskultur ist eine Entwicklung in Gang gekommen, die neue Verlässlichkeiten anstrebt. Bergende Ordnungen werden gesucht. Eine Re-Nomisierung des Lebens geschieht. Dabei wird oftmals auf die alten Erzählungen der Religionen zurückgegriffen, die wieder zum Fundament der Lebensführung werden sollen. Und um deren Tragfähigkeit zu sichern, wird jeder Änderungsversuch vehement bekämpft. Dieses Konzept heißt im Extremfall intoleranter, weil angstbesetzter »Fundamentalismus«. Ein solcher steht nicht für die Suche nach Wahrheit, sondern nach (psychischer) Sicherheit.

Die im spirituellen Feld anzutreffende Sehnsucht nach Festigkeit muss aber nicht zwingend »fundamentalistisch« verformt werden. Sie ist primär gespeist vom legitimen Wunsch, das Lebenshaus nicht auf Sand, sondern auf Felsen zu bauen. Solche Felsen können dann Lebensordnungen sein. Meist begegnen sie personifiziert in der Gestalt angesehener glaubwürdiger Männer und Frauen, die im spirituellen Feld Meister oder auch Gurus genannt werden.

Ein Gleichnis Jesu schlägt eine Brücke zwischen dem Wunsch nach Festigkeit im spirituellen Feld und den Weisheiten einer Lebenspraxis, die in einer christlichen Kirche als selbstverständlich gelten:

Ich will euch zeigen, wem ein Mensch gleicht, der zu mir kommt und meine Worte hört und danach handelt. Er ist wie ein Mann, der ein Haus baute und dabei die Erde tief aushob und das Fundament auf einen Felsen stellte. Als nun ein

---

119 Beck, Ulrich: Riskante Freiheiten. Individualisierung in modernen Gesellschaften, Frankfurt 1994.

Hochwasser kam und die Flutwelle gegen das Haus prallte, konnte sie es nicht erschüttern, weil es gut gebaut war. Wer aber hört und nicht danach handelt, ist wie ein Mann, der sein Haus ohne Fundament auf die Erde baute. Die Flutwelle prallte dagegen, das Haus stürzte sofort in sich zusammen und wurde völlig zerstört. (Lk 6,47–49)

Typisch für die christlichen Kirchen ist, dass sie – gestützt auf eine jahrtausendalte Tradition – Lebens-Weisheit zur Verfügung halten. In der Weite Gottes, im Raum der Anbetung vor allem, lernt eine Christin, lernt ein Christ verstehen, wer er ist, worauf seine Würde, seine Freiheit und seine Verantwortung beruht, und dass sein Leben dann gut geht, wenn es gelingt, in der entängstigenden Nähe Gottes ein Liebender zu werden.

Wie im spirituellen Feld zählen auch im Christentum weniger Bücher und abstrakte Lehren, sondern im Mittelpunkt steht eine Person namens Jesus von Nazaret. An ihm, seinem Leben, Sterben und Auferstehen lesen Christen ab, was die Vollgestalt des Menschen ist, um ihr eigenes Leben auf diese Vollgestalt hin ausreifen zu lassen.

Zu allen Zeiten der christlichen Geschichte gab es zudem Menschen, die in einer herausragenden Weise auf dem Weg zur menschlichen Vollgestalt weit vorangekommen sind und deshalb von der kirchlichen Gemeinschaft anderen als nachahmenswerte Leitfiguren empfohlen werden. Die katholische Kirche nennt sie Heilige. Solche Personen finden sich aber auch in der protestantischen oder der orthodoxen Tradition.

Bei aller Bedeutung solcher Personen mit gelungenem christlichen Leben hat die kirchliche Gemeinschaft immer darauf bestanden, dass die eigentliche Orientierung Christus ist: das was in seinem Leben geschah, was er tat, wovon er redete. Er selbst hat seine Jünger auch dazu unmissverständlich angehalten: »Ihr aber sollt euch nicht Rabbi [oder Guru] nennen lassen; denn nur einer ist euer Meister, ihr alle aber seid Brüder« (Mt 23,8). Jesus nennt sich daher selbst Weg, Wahrheit und Leben: »Thomas sagte zu ihm: Herr, wir wissen nicht, wohin du gehst. Wie sollen wir dann den Weg kennen? Jesus sagte zu ihm: Ich bin der Weg und die Wahrheit und das Leben; niemand kommt zum Vater außer durch mich«. (Joh 14,5f.)

Über Personen hinaus hält die christliche Kirchengemeinschaft den Mitgliedern, und über sie allen Menschen, »Weisheiten« bereit. Diese sind kein Gegensatz zu dem dogmatisierten Lehren.[120] Doch mehr als in den Büchern der Dogmatik ist in diesen Lebensweisheiten gelungene christliche Lebenserfahrung aufgehoben. Mit Hilfe solcher Weisheiten wird es für die Einzelnen und für die kirchlichen Gemeinschaften leichter, die großen Fragen, wo wir herkommen, wo wir hingehen und welchen Sinn das Ganze am Ende hat, schlüssig zu beantworten.[121]

Angesichts der wachsenden Bedeutung von Festigkeit, Eindeutigkeit und Verlässlichkeit tritt eine Frage neuerlich ans Licht, die in der europäischen Geschichte viele Nachdenkliche bewegt hat. Es ist das spannungsgeladene Verhältnis von Wahrheit und Freiheit. Diese Spannung lösen einige dadurch auf, dass sie sich auf einen der beiden Pole schlagen. Dann stehen die einen für eine *Freiheit*, in deren

---

[120] Die Vorstellungen von Dogmen als starr und unbeweglich entbehren der historischen Grundlage. Karl Rahner soll einmal einem Dogmenkritiker dadurch Entlastung von seinen falschen Vorstellungen angeboten haben, indem er sagte: Jeder Menschen geht seinen Lebensweg durch das Dunkel der Nacht. Dogmen sind wie Laternen am Wegrand, um Licht ins Dunkel zu bringen. Nur Betrunkene halten sich daran fest.
[121] Auf diese Fragen kam der Alterzbischof von Wien, Kardinal Franz König, wiederholt zu sprechen. König, Franz: Open to God, open to the World, London 2005.

Umkreis es keinerlei Wahrheit mehr geben kann. Es ist die Freiheit der Radikalkonstruktivisten. Auf der anderen Seite sind jene, die sich auf die Seite der *Wahrheit* (oder was sie darunter verstehen) setzen. Dann wiederum hat es oftmals die Freiheit schwer: Intoleranz, autoritäres Besserwissen, Aggressivität und Konsequenzzwang drängen sie zurück.

Gräbt man sich in die biblische Tradition ein, dann findet sich eine Lösung, wie Freiheit und Wahrheit – ohne Beschädigung beider – doch miteinander verwoben werden können. Im Johannesevangelium wird der Satz Jesu berichtet: »Die Wahrheit wird euch frei machen.« (Joh 8,32)

Allerdings kann eine solche unentflechtbare Bindung zwischen Wahrheit und Freiheit nur dann aufrecht durchgehalten werden, wenn beide personalisiert werden. Wahrheit bedeutet dann in der biblischen Tradition einen Gott, der dem Menschen verlässlich entgegenkommt. Freiheit wiederum in ihrer radikalisierten Form ist Freiheit zu lieben. In der liebenden Begegnung zwischen Gott und dem Menschen verlieren dann Wahrheit und Freiheit ihre unproduktive Widersprüchlichkeit.

Verwobenheit

Jeder ist gleich einem Faden
Im unendlichen Gewebe
Der geistigen Einheit.[122]

Denn in ihm leben wir, bewegen wir uns und sind wir.
Apg 17,28

---

122 Scholtz-Wiesner, Renate F. v.: Lichtpfad der Menschheit. Die Botschaft und Aufgabe unserer Zeit. Vorträge und Meditationen, Heilbronn 1988, 5.

Im spirituellen Feld machen sich Menschen auf eine »Reise ins Weite«. Sie kann unterschiedliche Ziele haben: die Weite der irdischen Welt und die Weite der geistigen Welt.

Ein naheliegendes Ziel solcher Reisen ist die Weite der *irdischen Welt*, der Oikos: die Verwobenheit des Menschen mit der einen Welt, dem Kosmos. Spirituelle Menschen weiten die Wirklichkeit aus, die sie gleichsam »bewohnen«. Sie fühlen sich dann in der einen Welt untergründig miteinander verbunden: »Das Tun des Einen ist das Tun des Anderen.«[123] Und das nicht nur in unmittelbaren Begegnungen. Vielmehr fühlen solche Menschen, dass das, was wir hier bei uns tun, auch Menschen anderswo berührt. Zudem sind sie überzeugt, dass der Mensch nicht ein schöpfungsenthobenes Wesen ist, sondern Teil einer alles und alle umfassenden Geschichte der Welt ist. Ein Moment an solchem spirituellen Ahnen ist das, was man als »ökologische Spiritualität« bezeichnen kann.

Die Reise ins Weite kann noch erheblich weiter zielen. Jetzt durchbricht sie die sichtbare Welt und tritt in die *geistige Welt* dahinter ein. Spirituelle Pilger verstehen sich dann als Teil des sie umfassenden Göttlichen. Ihre Spiritualität erhält, wenn nicht einen pantheistischen (alles ist Gott), so zumindest einen panentheistischen (alles ist in Gott) Grundzug. Die Grenzen zwischen Gott, dem Göttlichen, dem All-Einen und dem Einzelnen verschwimmen. Derart mit Gott verwoben, wächst dem Menschen eine hohe Würde zu: eine Würde, die ihm individualistisch und von anderen »entnetzt« in moderner Unbezogenheit kaum zukommt.

Christlichen Kirchen ist ein solches Wissen um eine untergründige Verwobenheit in der Welt nicht fremd. Gerade

---

123 Stierlin, Helm: Das Tun des Einen ist das Tun des Anderen. Eine Dynamik menschlicher Beziehungen, Frankfurt 1976.

in der Mitte der christlichen Botschaft wird, ohne dass es von Menschen in Zeiten des zugespitzten Individualismus aufmerksam wahrgenommen wird, eine tiefe Einheit aller geglaubt.

Christen deuten die Menschheitsgeschichte als eine einzige *Heils- und Unheilsgeschichte,* an der Gott und die Menschen gemeinsam beteiligt sind. Zu den großen Erzählungen der Christen gehört, dass in Adam alle gesündigt haben, im »zweiten Adam« – Christus – aber »die vielen«, was hebräisch so viel wie alle meint, gerettet wurden. In Zusammenhang mit der Erzählung vom »Sündenfall« ist von »Erbschuld« die Rede. Sie enthält die auch in historischen Erfahrungen durchaus nachvollziehbare Aussage, dass es eine tiefe Entzweiung gibt – zwischen Gott und den Menschen sowie den Menschen untereinander. Die Folge dieser Entzweiung aber ist der Tod und eine todbringende Lebensart mit Krieg, Ungerechtigkeit, Hass, Lieblosigkeit. Jeder Mensch wird, so die Erfahrung der frühen Christenheit, vor jeder eigenen Schuld in eine »von den Vätern (und Müttern) ererbte sinnlose Lebensweise« (1 Petr 1,18) hineingeboren.

Diese tiefen Entfremdungen zwischen Menschen untereinander und zwischen Mensch und Gott sind in Tod und Auferstehung Jesu überwunden, so sagen die Christen. Zunächst geschah dies in Jesus von Nazaret. Aber das, was in einem von uns geschehen ist, ist der Anfang dessen, was auch an uns sein kann und sein wird. Eben das kann aber nur geglaubt werden, wenn in Fragen des Heils alle in einem Boot sitzen und es eine tiefe untergründige Verwobenheit aller Menschen einschließlich der ganzen »seufzenden Schöpfung« (Röm 8,22), gibt:

Doch anders als mit der Übertretung verhält es sich mit der Gnade; sind durch die Übertretung des einen die vielen dem Tod anheim gefallen, so ist erst recht die Gnade Gottes und die Gabe, die durch die Gnadentat des einen Menschen Jesus Christus bewirkt worden ist, den vielen reichlich zuteil geworden. (Röm 5,15)

Im christlichen Glaubenskosmos kommt solche tiefe Verwobenheit auch an anderen Stellen zum tragen. Wenn ein Christ *betet*, so weiß er um einen Gott, der uns nahe ist und vor allem den »Schrei der Armen« hört. In jeder *liturgischen Feier* ist für Christen unumstritten, dass in der Gemeinschaft Gott gegenwärtig ist, um an den Versammelten durch seinen Heiligen Geist tröstend und wandelnd zu handeln. Liturgisch zugespitzt formuliert: Christen, die kommunizieren, feiern damit, dass es eine tiefreichende *unio* gibt. Sie »verleiben« sich in der Feier des Abendmahls »Christi Leib« ein, um als kirchliche Gemeinschaft »sein Leib« zu werden. Wenn sich eine zum eucharistischen Gottesdienst versammelte Gemeinde nicht dem Wirken des herabgerufenen Heiligen Geistes verweigert, wird die Gemeinschaft selbst hinein gewandelt in einen »Leib hingegeben«. Es entsteht also im Gottesdienst eine Gemeinde, die dient.[124] Urbild solchen Dienens ist die *Fußwaschung* Jesu beim letzten Abendmahl. Abendmahl und Fußwaschung sind jene zwei Ereignisse, welche das Innerste einer christlichen Gemeinschaft ans Licht bringen.

An der Verbindung von Abendmahl und Fußwaschung wird auch ein Markenzeichen christlicher Spiritualität offenbar. Die tiefe Verwobenheit aller in dem einen Gott führt *lebenspraktisch* dazu, dass Christen sich in der einen Welt

---

[124] Gaillot, Jacques: Eine Kirche, die nicht dient, dient zu nichts, Freiburg [4]1992.

mit allen in solidarischer Einheit wissen. Die Formel kann lauten: Weil nur ein Gott ist, ist jeder einer, jede eine von uns. Daraus entspringt universelle Solidarität, weltumspannende Nächstenliebe. Christliche Spiritualität lebt somit einerseits von einem mystischen »Eintauchen in Gott«, zugleich von einem diakonalen »Auftauchen bei den Armen« der Welt. Anders formuliert: Bei wem Gott einkehrt, in wem die »Gottesgeburt« (Eckhart) stattfindet, wer – wie die Tauftheologie formuliert – ein »Kind Gottes« wird und damit göttliches Leben in sich trägt, wird unweigerlich »gottvoll« und »gottförmig«. Von Gott aber berichtet das Alte Testament, dass er das Elend der Unterdrückten hört und sieht, ihr Leid kennt, herabsteigt, um sie zu entreißen und sich dazu der von ihm berufenen Menschen bedient (vgl. Ex 3,7–10). Gottförmig ist also eine

- Spiritualität der *offenen Augen*: sie schaut hin, wo in unserer Kultur andere wegschauen, zu den Armen und Armgemachten, den Unterdrückten, deren Not »zum Himmel schreit«;
- eine Spiritualität des *wachen Verstandes*, der analysiert, welches die Ursachen von Elend und Unterdrückung sind, und lernt, sowohl Opfer des Unrechts helfend zu versorgen wie durch politische Diakonie alles zu tun, damit es morgen weniger Opfer und Hilfsbedürftigkeit gibt;
- eine Spiritualität des *mitfühlenden Herzens*, der compassion, eines Mitleidens, das mehr als Mitleid ist, weil es eintaucht in die Lebenslage der Armen;
- eine Spiritualität der *starken Hände*, die sich engagieren für einen offenen Zugang aller zu den knapper werdenden Lebenschancen wie Nahrung, Wohnen, Familiengründung, Arbeit, Bildung, freie Religionsausübung.

Diese innere Einheit von Gottesliebe und Nächstenliebe wird in zeitgenössischer Theologie als Wesensmerkmal christlicher Spiritualität betrachtet. Sie formuliert auf theoretischer Reflexionsebene, dass es keine Trennung geben kann zwischen Mystik und Politik (Dorothee Sölle, Johann B. Metz), zwischen Kontemplation und Kampf (Roger Schutz). Christliche Spiritualität ist daher immer Anbetung auf der einen Seite. Auf der anderen Seite gewinnt der angebetete Gott den Anbetenden, mit ihm zu den Armen der Welt zu gehen:

»Eine Kirche, die um sich selbst kreist und dabei Gott vergisst, wird leidunempfindlich. Wer hingegen in Gott eintaucht, taucht neben dem Menschen auf. Dabei kann der Weg auch in der anderen Richtung verlaufen: Wer den Menschen begegnet, findet in diesen auch Gott (vgl. Mt 25)«[125]

Neue Welt mit neuen Menschen

*Es ist eine Idee, der du dienst –
diese Idee, die siegen muss,
wenn eine Menschheit,
dieses Namens würdig,
überleben soll.
Es ist die Idee,
die dein Blut fordert –
nicht die hinfällige Form,
die sie in dieser historischen Phase annahm.
Es ist diese Idee,
der du mit aller Kraft zum Sieg verhelfen musst –*

---

[125] Gott und den Menschen nahe. Passauer Pastoralplan, Passau 2000, 16.

*nicht das Menschenwerk,
das dir jetzt eine öffentliche Verantwortung gibt.*

Dag Hammarskjöld[126]

Das Verhältnis von Pilgern im zeitgenössischen spirituellen Feld zur heutigen Welt ist mehrheitlich negativ. Sie kritisieren Gottvergessenheit, den Verlust der wahren Würde des Menschen und das Fehlen guter Autorität. Bilden sich aus Pilgern Gemeinschaften, dann stehen diese für eine andere Art von Welt und tragen dazu bei, dass eine neue Welt anbricht. Die Vorstellung davon, in welcher Zeit und auf welche Weise das geschieht, variiert von Gruppe zu Gruppe.

Der »neue Mensch«, der im Kraftfeld Gottes erblühen kann, und mit ihm eine »neue Welt«, gehört zum Traum aller Religionen. Auch dem Christentum ist diese Vision eigen. Der von Gott entfremdete und daher auf seine Angst zurückgeworfene »alte Mensch« stirbt, sobald die Einung mit Gott geschieht und damit Liebe zu den anderen freigesetzt wird. (Auch) das Christentum steht daher für die Umwandlung des Menschen durch Gott. Jesus ruft in seiner ersten Predigt deshalb zur Umkehr auf: um Raum für das kommende Reich Gottes zu schaffen. Reich Gottes meint aber eine Gestalt der Welt, in der sich der Schöpfungstraum Gottes entfalten kann.

Auch Christen, zumal der ersten Jahrzehnte, haben sich als eine Vorhut einer kommenden Weltgestalt verstanden. Diese wird von Gott inmitten der alten Welt aufgerichtet: und zwar konkret durch Menschen, die Gott der Gemeinschaft der neuen Menschen »hinzufügt« (Apg 2,47). In

---

[126] Hammarskjöld, Dag: Zeichen am Weg, hg. von A. Knyphausen, München/Zürich ⁸1974, 75f., zitiert in: Röhlin, Ruth und Karl-Heinz: Dag Hammarskjöld. Mystiker und Politiker. Visionen für heute, München 2005, 47.

solchen Gemeinschaften bekommt eine Weltgestalt, die in der Welt bislang noch keinen Ort hat (griechisch heißt das ου τοπος, woraus das deutsche Fremdwort *Utopie* abgeleitet wird), einen Ort in Geschichte und Gesellschaft. Insofern die neue Welt und der neue Mensch von einer tiefen Einung mit Gott und deshalb einer liebenden Einheit mit den Anderen bestimmt sind – und der Zustand solcher Einung »himmlische Züge« enthält, Anzeichen des ausstehenden bleibenden Lebens des Menschen in Gott – können Christen sagen, dass Spuren des Himmels in ihren Gemeinschaften schon jetzt gelebt werden. Wirkliche Christen streben somit nicht nur danach, einst in den Himmel zu kommen (das sehr wohl auch), sondern dass jetzt der »Himmel zwischen uns«[127] ist – in Spuren wenigstens.

Solche christliche Gemeinschaften, in denen inmitten der vergehenden Welt jetzt schon ein Leben wie nach der Auferstehung möglich ist, sind der Überzeugung, dass sie – von Gott dazu bestellt – für alle Menschen einen Auftrag haben. Jesus nennt seine Jünger *Licht der Welt* und *Salz der Erde (Mt 5,23f.)*. An ihnen soll die Lebensgestalt der kommenden Welt sichtbar werden, aufleuchten. Das soll weltweit geschehen, weshalb die Stadt der Christen auf dem Weltberg liegt. Zugleich bringen sie die Umwandlung der Welt voran, sie verstehen sich als Ferment der kommenden Weltgestalt.

»Unsere tiefe Angst ist nicht,
dass wir unzulänglich sind.
Unsere Angst ist, dass wir grenzenlose Macht in uns haben.
Es ist unser Licht und nicht unsere Dunkelheit,

---

[127] Hemmerle, Klaus: Der Himmel ist zwischen uns, München ³1978.

vor dem wir uns am meisten fürchten.
Wer bin ich schon, fragen wir uns, dass ich schön,
talentiert und fabelhaft sein soll?
Aber ich frage dich. Wer bist du, es nicht zu sein?
Du bist ein Kind Gottes.
Dich kleiner zu machen, dient unserer Welt nicht.
Es ist nichts Erleuchtetes dabei, sich zurückzuziehen
und zu schrumpfen,
damit andere Leute nicht unsicher werden,
wenn sie in deiner Nähe sind. Wir wurden geboren, um
die Herrlichkeit Gottes, die in uns ist, zu offenbaren.
Sie ist nicht nur in einigen von uns; sie ist in jedem von uns.
Wenn wir unser eigenes Licht strahlen lassen,
geben wir unterbewusst unseren Mitmenschen die Erlaubnis,
dasselbe zu tun.«
Nelson Mandela in seiner Antrittsrede als Präsident

Christliche Theologie hat diese Grundbestimmung der kirchlichen Gemeinschaft mit dem Begriff »eschatologisch« (d. i. endzeitlich) besetzt. Von Gott her, damit von der Zukunft, wächst in die Welt ein neuer Weltentwurf hinein. Christen, wenn sie sind, wozu sie berufen werden, stehen für diese ankommende Welt, in der Gott gestaltend und maß-geblich gegenwärtig ist und die Menschen mit der Kraft seiner gerechten und erbarmenden Liebe erfüllt.

Vielleicht sind für Wanderer aus dem spirituellen Feld die christlichen Gemeinschaften deshalb so unattraktiv, weil diese eine provozierende Alternative zum bürgerlichen Leben nicht erkennen lassen. Die Theologie beklagt eine »Verbürgerlichung« heutigen Christentums. Eine Erneuerung der Kirche wird gewünscht, die sich wieder mehr der Kraft des Ursprungs denn den hoffnungsarmen Anteilen des Zeitgeistes anpasst:

»Die Krise des kirchlichen Lebens beruht letztlich nicht auf Anpassungsschwierigkeiten gegenüber unserem modernen Leben und Lebensgefühl, sondern auf Anpassungsschwierigkeiten gegenüber dem, in dem unsere Hoffnung wurzelt und aus dessen Sein sie ihre Höhe und Tiefe, ihren Weg und ihre Zukunft empfängt: Jesus Christus mit seiner Botschaft vom »Reich Gottes«. Haben wir in unserer Praxis ihn nicht allzu sehr uns angepasst, seinen Geist wie abgedecktes Feuer gehütet, dass er nicht zu sehr überspringe? Haben wir nicht unter allzu viel Ängstlichkeit und Routine den Enthusiasmus der Herzen eingeschläfert und zu gefährlichen Alternativen provoziert: Jesus, ja – Kirche, nein? Warum wirkt er »moderner«, »heutiger« als wir, seine Kirche? So gilt als Gesetz unserer kirchlichen Erneuerung, dass wir vor allem die Angleichungsschwierigkeit gegenüber dem, auf den wir uns berufen und aus dem wir leben, überwinden und dass wir konsequenter in seine Nachfolge eintreten, um den Abstand zwischen ihm und uns zu verringern und unsere Schicksalsgemeinschaft mit ihm zu verlebendigen. Dann ist ein Weg und eine Zukunft. Dann gibt es eine Chance, heutig, ganz gegenwärtig zu sein – die Probleme, Fragen und Leiden allenthalben zu teilen, ohne sich ihrer geheimen Hoffnungslosigkeit zu unterwerfen.«[128]

Eine Quelle der Verbürgerlichung christlicher Gemeinschaften heute ist die Weigerung vieler Kirchenmitglieder, sich von Gott selbst zu neuen Menschen »wandeln« zu lassen. Viele werden als Säuglinge auf eine Hoffnung – die Hoffnung auf das Aufblühen der Taufverheißung – hin getauft, die sich in Lauf des Lebens nicht einlöst. So gibt es viele Katholiken und Protestanten, die im Sinn ihrer

---

[128] Gemeinsame Synode der Bistümer in der Bundesrepublik Deutschland: Unsere Hoffnung. Ein Bekenntnis zum Glauben in dieser Zeit, Freiburg 1976, 101f.

Berufung keine Christen sind. Das Jesuswort trifft auf sie zu: *»Wenn das Salz seinen Geschmack verliert, womit kann man es wieder salzig machen? Es taugt zu nichts mehr; es wird weggeworfen und von den Leuten zertreten.«* (Mt 5,13)

Auch das zentrale Ereignis fortwährender revolutionierender Verwandlung, das sonntägliche Herrenmahl der Christen, scheint heute nur geringe Kraft zu entfalten. Das, was manche in der Kirche außerkirchlichen spirituellen Gruppen manchmal vorwerfen, trifft oftmals auf die eigenen Gemeinschaften ebenso zu: dass ihre Spiritualität lediglich eine Art »Wellness-Spiritualität« sei. Sie diene primär der Ausweitung des Wohlbefindens, nicht aber der tiefgreifenden Umwandlung des Menschen. Sie sei in ihrem Grund narzisstisch und nicht altruistisch. Sie verstärke spirituell die Selbstbezogenheit des Menschen und habe nicht die Kraft, ihn aus dem Gefängnis angstbesetzter Ich-Enge hin zu einsatzbereiter Liebe zu befreien.

Genau dazu aber versammeln sich sonntags die Christen. Sie sagen, dass Gott sie zusammenrufe, um sie so zu wandeln, dass sie als neue Menschen Licht der Welt und Salz der Erde sein können. Dazu werden Gaben von Brot und Wein auf den Altar gelegt, die stellvertretend für die Versammelten – ja für die ganze Schöpfung – dort liegen. Das Herzstück dieser gottesdienstlichen Feier, in der nicht Menschen Gott dienen, sondern Gott wandelnd den Menschen dient, ist die Herabrufung des wandelnden Gottesgeistes (die sogenannte Epiklese). Damit unübersehbar ist, in welche Richtung die Wandlung zielt, wird berichtet, was Jesus selbst am Abend vor seinem Todesleiden getan an. Das Ergebnis der Wandlung ist also »Leib hingegeben«, »Blut vergossen« für das Leben der Welt. Und damit die Wandlung der Versammelten in der Tiefe wirklich stattfindet, verleiben sie sich den »Leib des Herrn« ein, werden so

Apr./Apr. 2010 | Mai/May 2010 | Juni/June 2010

Apr./Apr. 2010		Mai/May 2010		Juni/June 2010	
1 Do		1 Sa		1 Di	
2 Fr		2 So		2 Mi	22
3 Sa		3 Mo		3 Do	
4 So		4 Di		4 Fr	◐
5 Mo		5 Mi	18	5 Sa	
6 Di	◐	6 Do	◐	6 So	
7 Mi	14	7 Fr		7 Mo	
8 Do		8 Sa		8 Di	
9 Fr		9 So		9 Mi	23
10 Sa		10 Mo		10 Do	
11 So		11 Di		11 Fr	
12 Mo		12 Mi	19	12 Sa	●
13 Di		13 Do		13 So	
14 Mi	● 15	14 Fr	●	14 Mo	
15 Do		15 Sa		15 Di	
16 Fr		16 So		16 Mi	24
17 Sa		17 Mo		17 Do	
18 So		18 Di		18 Fr	
19 Mo		19 Mi	20	19 Sa	◐
20 Di		20 Do		20 So	
21 Mi	◑ 16	21 Fr	◑	21 Mo	
22 Do		22 Sa		22 Di	
23 Fr		23 So		23 Mi	25
24 Sa		24 Mo		24 Do	
25 So		25 Di		25 Fr	
26 Mo		26 Mi	21	26 Sa	○
27 Di		27 Do		27 So	
28 Mi	○ 17	28 Fr	○	28 Mo	
29 Do		29 Sa		29 Di	
30 Fr		30 So		30 Mi	26
		31 Mo			

Juli/July 2010 | Aug./Aug. 2010 | Sept./Sep. 2010

Juli/July 2010	Aug./Aug. 2010	Sept./Sep. 2010
1 Do	1 So	1 Mi ◐ 35
2 Fr	2 Mo	2 Do
3 Sa	3 Di ◐	3 Fr
4 So ◐	4 Mi 31	4 Sa
5 Mo	5 Do	5 So
6 Di	6 Fr	6 Mo
7 Mi 27	7 Sa	7 Di
8 Do	8 So	8 Mi ● 36
9 Fr	9 Mo	9 Do
10 Sa	10 Di ●	10 Fr
11 So ●	11 Mi 32	11 Sa
12 Mo	12 Do	12 So
13 Di	13 Fr	13 Mo
14 Mi 28	14 Sa	14 Di
15 Do	15 So	15 Mi ◐ 37
16 Fr	16 Mo ◐	16 Do
17 Sa	17 Di	17 Fr
18 So ◐	18 Mi 33	18 Sa
19 Mo	19 Do	19 So
20 Di	20 Fr	20 Mo
21 Mi 29	21 Sa	21 Di
22 Do	22 So	22 Mi 38
23 Fr	23 Mo	23 Do ○
24 Sa	24 Di ○	24 Fr
25 So	25 Mi 34	25 Sa
26 Mo ○	26 Do	26 So
27 Di	27 Fr	27 Mo
28 Mi 30	28 Sa	28 Di
29 Do	29 So	29 Mi 39
30 Fr	30 Mo	30 Do
31 Sa	31 Di	

Christi Leib: also eine Gemeinschaft, die dient. Christen, die solches an sich geschehen lassen, geben sich in eine gefährliche Situation, buchstäblich also in »Gottesgefahr«. Verweigern sie sich nicht, dann verlassen sie den Gottesdienst anders, als sie in diesen hineingegangen sind. Das Abendmahl macht sie bereit zur Fußwaschung – also zur gottförmigen Liebe zu den Menschen.

Christen, die aber diese »gefährliche Erinnerung« meiden, bleiben, wozu sie der bürgerliche Alltag gemacht hat. Was sie feiern, verschönt ihren Alltag. Gottesdienste sind vielleicht Flucht- und Zufluchtsorte für überangestrengte Menschen. Das ist eine durchaus akzeptable Nebenwirkung sonntäglicher Zusammenkünfte von Christen. Doch kann es sein, wenn sich nach und nach nur noch satte Bürgerinnen und Bürger in geschlossenen Pfarrgruppen treffen, dass ihre Gottesdienste zu »religiös verschönten Konditoreibesuchen« verkommen, wie Helmut Schüller, lange Zeit Präsident der Österreichischen Caritas, klagte. Statt Wandlung geschieht dann religiös überhöhte Fortsetzung des Vorhandenen, des Bürgerlichen, des Zeitgeistigen. Eine produktive Alternative tut sich nicht auf.

Mag man es spirituell ernsthaft Suchenden, die auf eine Alternative zum Bestehenden aus sind und die Umwandlung zu einem »neuen Menschen« nicht scheuen, verargen, dass sie um solch kraftlose christlichen Gemeinschaften einen Bogen machen? Ich kenne Menschen, die sehr spirituell begabt sind und sagen, *weil* sie spirituell suchen, gehen sie in keinen christlichen Gottesdienst (mehr).

Es wäre an der Zeit, dass sich die Christen in ihrem innersten Tun erneuern, um die Begegnung zwischen Menschen aus dem spirituellen Feld und den christlichen Gemeinden zu fördern. Es wäre ein Gewinn für manch verbürgerlichte Gemeinde, könnten sie vom Ernst spiritueller

Pilger lernen. Das Thema der Umwandlung des alten Menschen in einen neuen, der alten Welt in eine neue würde durch solche Menschen auch in den Kirchen wieder in die Mitte gerückt, dorthin also, wo es am Beginn stand.

Wiederverzauberung

»Die Schönheit besitzt eine himmlische Sprache, die sich über die Laute erhebt, die von den Lippen geformt werden; es ist die ewige Sprache, die alle menschlichen Sprachen in sich vereint und sie zu einem tiefen, lautlosen Gefühl verschmilzt, so wie der stille See die munteren Lieder der Bäche und Flüsse an sich zieht und sie in seinen Tiefen in ewiges Schweigen verwandelt.

Das Schöne fesselt uns, aber das Schönste befreit uns von uns selbst.

Ihr, die ihr angesichts der mannigfachen Religionen verwirrt seid und ratlos umherirrt in den Tälern der unterschiedlichen Glaubensrichtungen, die ihr die Freiheit des Unglaubens den Fesseln der Unterwerfung vorzieht und die Schauplätze der Ablehnung anziehender findet als die Hochburgen des Gehorsams, erwählt die Schönheit als eure Religion.«[129]

Wo immer dank spiritueller Kraft eine »neue Welt« entsteht, näherhin Oasen eines hereinragenden Himmels inmitten einer sich entwickelnden Menschheit, dort breitet sich »wahres und gutes Leben« aus. »Omne ens est verum et omne ens es bonum«, so lautet ein schultheologischer Grundsatz – alles Sein ist wahr und gut. Dem wird oft-

---

[129] Gibran, Khalil: Die sieben Worte der Weisheit, Zürich/Düsseldorf 1997, 98, 103, 99.

mals hinzugefügt: Et omne ens est pulchrum: Alles Sein ist schön.

Darauf richtet sich im spirituellen Feld die Dimension der Verzauberung. Fassbar ist diese Schönheit durch staunende Dankbarkeit. Oft kleidet sie sich in Poesie.

Max Weber beschrieb die Säkularisierung in modernen Kulturen als »Entzauberung« der Welt. Die Sehnsucht vieler Spiritueller läuft dieser säkularisierenden Dynamik entgegen. Der Zauber der Schönheit wird gesucht. Schön sind die Feste, die gefeiert werden. Die Menschen, die zu diesen Festen kommen, kleiden sich angemessen. Dazu wählen sie gern die Farbe weiß – die Farbe der am »Weißen Sonntag« Neugetauften, die als Kinder des Lichts wie Lichtmenschen daherkommen.

Die Befürchtung, solche Ästhetisierung des Lebens wäre dem Ringen um Gerechtigkeit abhold, lässt sich nicht halten. Ästhetik und Gerechtigkeit sind wie verträgliche Zwillinge. Wo Gerechtigkeit herrscht, kann sich Ästhetik breit machen. Unrecht hingegen kann das Schöne zusammen mit den Menschen klein machen.

Ertrag

*Du selber reizest an,
dass Dich zu preisen Freude ist;
denn geschaffen hast Du uns zu Dir,
und ruhelos ist unser Herz,
bis dass es seine Ruhe hat in Dir.*

Augustinus

Der Stand der Diskussion

Mir ging es in diesem Buch um eine Darstellung der spirituellen Dynamik säkularer Kulturen und um einen Überblick über den Stand der Forschung. Dieser besteht, knapp gefasst, in folgenden Positionen:

1. Moderne Kulturen sind in weltanschaulicher Hinsicht in zunehmendem Maße polarisiert. Auf der einen Seite bewegen sich Menschen auf einem kirchlichen Feld: Sie wissen sich den Traditionen des Christentums verbunden. Auf der anderen Seite sind Menschen, die sich auf einem »atheisierenden« Feld bewegen – »atheisierend« deshalb, weil der dort anzutreffende Atheismus weniger theoretisch, sondern mehr pragmatisch ist. Gott und ein Leben nach dem Tod spielen in den Lebensentwürfen »atheisierender« Menschen so gut wie keine Rolle. Zwischen den beiden finden wir ein weites, offenbar wachsendes »spirituelles Feld« von suchenden Menschen.
2. Spiritualität, spirituelle Symbole und Rituale, sind in unterschiedlichen Umgebungen anzutreffen. Solche »Kontexte« sind Markt, Gewalt und Vertröstung. Sie belegen, dass religiöse und spirituelle Symbole auch für spiritualitätsfremde Zwecke verwendet, gebraucht und missbraucht werden können. Auf diesem Hintergrund

gewinnt der Kontext der Verwandlung des Menschen bis in die Tiefen seines Herzens an Klarheit und Bedeutung.
3. Spiritualitätskritik ist eine bleibende Aufgabe. Sie hat aber empathisch zu erfolgen. Statt Verteufelung der suchenden Menschen und Gemeinschaften ist nach dem Grund der Suche, also nach der spirituellen Sehnsucht zu fragen. Die Bereitschaft, eine spirituell suchende Person auf dem Weg eigener spiritueller Erfahrung ein Stück mitzunehmen, zählt mehr als theoretische Verteufelung der Irrwege.
4. Es gibt mehrere Quellen für die spirituelle Dynamik in säkularen Kulturen. Eine Quelle scheint die erschöpfte Moderne zu sein. Menschen, die mit dem säkularen Leben, dessen Logik der Nützlichkeit sowie der Gefährdungen der Menschlichkeit unzufrieden sind, suchen auf dem spirituellen Feld eine Alternative. Sie suchen »die Weite«, verlorene Tiefen, vergessene Dimensionen des Lebens: Verzauberung, Heilung, die Reise zu sich, die Reise in die Weite, Gemeinschaft und Festigkeit und in all dem eine andere Welt.
5. Die andere Quelle ist das Leiden an den spirituell erschöpften Kirchen in unseren modernen Kulturen. Selbst Kirchenmitglieder erleben Gottesdienste schal, »Geistliche« ungeistlich, alte spirituelle Orte entleert. Umgekehrt: Wo es spirituelle Menschen (»christliche Gurus«), heilige Orte sowie tiefgehende spirituelle Vorgänge gibt, finden wir auch starke spirituelle Oasen inmitten einer geschwächten Kirche.

Ein geistlicher Pilgerweg

Bei pastoralen Fortbildungskursen zur zeitgenössischen Spiritualität habe ich wiederholt die Erfahrung gemacht, dass für immer mehr Menschen Diagnosen zwar wichtig, aber nicht hinreichend sind. Sie möchten keine Lagebeschreibung, sondern suchen nach einem Weg, den sie selbst zu gehen bereit sind. Einige unter ihnen suchen nach Weggemeinschaften, die erfahren, wegkundig sind und mit denen ein Stück mitzugehen sie bereit wären. Der Schatz, auf den die christliche Kirchen hier zurückgreifen können, ist groß.

Christliche Gemeinden und Gemeinschaften könnten solche Weggemeinschaften sein, aber auch die Texte erfahrene spirituelle Meisterinnen und Meister können Suchende auf ihrem spirituellen Pilgerweg begleiten. In einem spirituellen Lesebuch[130] habe ich für einen solchen Pilgerweg Texte von erfahrenen Meisterinnen und Meistern zusammengestellt, von alten und zeitgenössischen. Zu ihnen gehören Augustinus, Meister Eckhart, Johannes Tauler, Teresa von Ávila.

So unterschiedlich die Erfahrungen dieser Meisterinnen und Meister sind: Ihre Texte basieren auf einem sicheren Wissen um Gott und den Menschen. Darauf gestützt zeichnen sich einige Etappen auf einem spirituellen Weg ab, den zu gehen sich lohnt.

Menschenverhältnis Gottes

Allen Autorinnen und Autoren gemeinsam ist ein reichhaltiges Wissen darum, *wer der Mensch »im Grunde« ist:*

---

[130] Werden, was ich bin. Ein spirituelles Lesebuch, zusammengestellt von Paul M. Zulehner, Ostfildern 2008.

einer, der vom »Verhältnis zu Gott« bestimmt ist, dem ein Verhältnis Gottes zu ihm vorausgeht, eine, in deren innersten Mitte eine Wohnung Gottes (Teresa von Ávila) ist. Ziel jeder spirituellen Reise ist es daher, dieses wechselseitige Verhältnis zwischen Gott und dem einzelnen Menschen lebendig zu erleben, ja zu erleiden.

Wenn es aber zwischen Gott und dem Menschen immer schon ein Verhältnis gibt, dann stellt sich die Frage, wer in dieser Beziehung die Initiative hat. Viele starke spirituelle Texte, die wir vorstellen werden, kreisen um dieses Thema: Geht die Initiative von einem werbenden Gott aus? Oder vom Menschen und seiner Sehnsucht? Ist Gott nach dem Menschen – nach jedem Menschen – aus, oder muss sich der Mensch von sich aus auf die Suche nach Gott machen? *»Suchen oder gefunden werden?«* ist eine der brennenden Fragen spirituell sensibler Texte.

Sodann kreisen die ausgewählten Texte um die Erfahrung des Menschen aller Zeiten, besonders der Zeitgenossinnen und Zeitgenossen, nicht zur Ruhe zu kommen, betriebsam zu sein, von lauten Frequenzen derart *zugedröhnt* zu sein, dass die leise Musik Gottes nicht mehr gehört wird.

Etappen

Das führt zu einer ersten entscheidenden Etappe jedes spirituellen Weges: zum Leerwerden, zum Gehen in die Stille, zur Meditation. Die Anleitungen erfahrener Meisterinnen und Meister dazu legen nicht nahe, dass wir dadurch Gott herbeinötigen könnten. Aber in der Stille kann der Mensch *»entsinken«* (Meister Eckhart), ja »entwerden«. Es wäre schon viel, würde ein Mensch ein Gefäß, das – weil entleert – von Gott gefüllt »gottvoll« werden kann.

Wo »Entwerden« und »Entsinken« geschieht, eröffnet sich die Möglichkeit des sich »*Versenkens*« in Gottes Geheimnis hinein, um dort daheim zu sein. Gotteinung, eine »Gottesgeburt« im Menschen (Meister Eckhart) kann sich ereignen.

In die heilige Stille des göttlichen Geheimnisses »entsunken und versunken« wird das Hören und *Sehen mit den Augen und Ohren des Herzens*[131] möglich.

Schließlich folgen Texte zu dem, was geschieht, wenn jemand spirituell die Gnade erhält, eine Gotteinung zu erleben, zu erleiden. *Erfüllt mit göttlicher Liebe reift ein Mensch zur Liebenden, zum Liebenden.* »Gottvoll« geworden, wird der Mensch »gottförmig«: also Liebe. Ziel aller spirituellen Reise ist es, das zu werden, was wir immer schon sind: Liebende – und dies aus der Einung mit jenem Gott, der die Liebe ist.

Gott ist einer, der in sich ruht und zugleich immer ausströmt, gebiert. Die verströmende Liebe, die der »ausgeblühte Heilige Geist Gottes ist«, bekommt Gestalt, zeigt sich in vielen *Facetten alltäglichen Lebens und Liebens.* Spirituelle Menschen verlieren sich daher nicht in spiritueller Wellness, sondern finden sich »gottförmig« bei jenen Menschen vor, denen sie ihre Liebe verströmen. Wahre Gottesliebe und handfeste Nächstenliebe erweisen sich als unentflechtbar.

---

131 Deichgräber, Reinhard: Mit den Ohren des Herzens lauschen. Anleitung zur Meditation biblischer Texte, Göttingen 1999.

Geistliche Schätze für den spirituellen Pilgerweg

Werden, was ich bin
Ein spirituelles Lesebuch
Zusammengestellt von
Paul M. Zulehner

Format 12 x 19 cm
ca. 180 Seiten
Hardcover, Schmuckfarbe
ISBN 978-3-7966-1380-7

Wer sich mit spirituellen Fragen auf einen inneren Weg macht, orientiert sich am besten an jenen, die vorangegangen sind. Meister der geistigen Traditionen haben Zeugnisse ihrer mystischen Erfahrungen hinterlassen, etwa Meister Eckart oder Teresa von Ávila. Auch Menschen von heute tauchen tief in das göttliche Geheimnis und kleiden ihr mystisches Berührtsein in Worte. Sie lassen ahnen, zu welcher Würde und Liebeskraft ein Mensch erblühen kann, der sein Leben auf Gott gründet. Solches Leben aus der Quelle lässt uns werden, was wir sind: Gottes Ebenbilder.
Wertvolle Textperlen begleiten auf einen spirituellen Pilgerweg, der ins Innerste des Menschseins führt.

Schwaben**verlag**   www.schwabenverlag-online.de